視覚世界はなぜ安定して見えるのか

視覚世界はなぜ安定して見えるのか

―眼球運動と神経信号をめぐる研究―

本田仁視 著

知泉書館

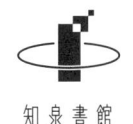

はじめに

世の中にはだれもがすぐに不思議に思うものがある一方で、よく考えないとその不思議さに気づかないものもある。宇宙には私たちの銀河系とは別の銀河系があるとか、セミの幼虫は十数年もの間、土の中でじっと地上に出る日を待っているといった話を聞いても、私たちは即座に納得することができない。なぜそんなことがわかるのか、なぜそんな必要があるのかとすぐに疑問に思う。一般的な心理学の教科書を開くと、必ずといってよいほど幾何学的錯視の図が載っている。同じ長さの線分なのに同じ長さに見えなかったり、まっすぐな直線が曲がって見えたりする。いま挙げた宇宙の話ほどスケールの大きな話ではないけれども、やはり私たちは、なぜそのように見えるのか知りたくなる。

同じ教科書の別のページには、「知覚の恒常性」という話が載っているかもしれない。私たちの眼は構造的にはカメラとよく似ているが、カメラと違って見る距離によってそれほど対象の大きさは変わらないとか、円を斜めから眺めてもあまり歪んで見えないといったことが例として挙げられている。このような事実はあまり一般の人の関心を引くものではないが、ヒトの知覚能力の重要な特性であるとされる。本書で取り上げる「視覚世界の安定性」も、そのような知覚の恒常性現象の一つとして取り上げられることが多い。

ビデオ・カメラの手元が揺れると、撮影された映像もその揺れに応じて動く。そのような映像は、見にくいだけでなく、時には気分が悪くなる。一方、私たちの眼は、運転をする時、料理をする時、新聞を読む時など、日常生活のほとんどの場面において、絶えずさまざまな方向に動いている。それにもかかわらず、視線を変えるたびに外界が動いて見えることはない。視覚世界は眼を動かしても静止して感じられる。これが「視覚世界の安定性」と呼ばれる現象である。

あとで述べるように、この現象はかなり古くから知られていたにもかかわらず、その神経学的基盤や心理学的なしくみはいまだに明らかにされていない。著者は大学院生のころ、この問題に関する研究がそれほど広く行われていないことを知り、なかば手探り状態で実験的研究を始めた。それから二五年以上経った今、この領域の研究はかなり進展し、関連する研究も著名な学術雑誌に多数掲載されるようになった。しかしながら、この現象が完全に解明されたわけではなく、いまだに不明な点も多い。

本書では、「視覚世界の安定性」の説明理論として古くから知られている相殺説をまず取り上げる。相殺説によれば、眼を動かしても外界が動いて見えないのは、眼を動かすと同時に眼の動きを伝える神経信号が発せられ、その信号によって網膜像の動きが相殺されるのだという。しかし、この相殺説で仮定された神経信号とはいったいなにを指しているのだろうか？　本書で眼球位置信号と呼ぶこの特殊な神経信号の存在とその性質をめぐって、著名な哲学者、生理学者、神経学者などの間で激しい論争が交わされてきた（第一章）。また工夫を凝らした実験や意表をつく実験も多数行われてきた（第二章）。さらには時代の最先端をいく技術を用いて、さまざまな神経学的実験が行われ、最近になってようやく眼球位置信号の神経学的基盤がおぼろげながら明らかになってきた（第三章）。しかし、多くの研究者によって支持されてきた相殺説にも弱点があった。厳密な心理物理学的な実験によって、相殺のしくみはそれほど完璧でないことが示されたからである。これらの実験の示すところによれば、眼球位置信号を仮定する相殺説だけでは視覚世界の安定性を完全に説明することができないのである（第四章)。そこで、相殺説を補足するさらに別のしくみを想定する必要がある。そのような補足的なしくみを探し求めて、さまざまな心理物理学的研究が活発に行われている(第五章)。

以上に述べた構成にもとづいて、本書では視覚世界の安定性をめぐるこれまでの研究の歴史と、最近における研究の成果を紹介する。最初に述べたように、視覚世界の安定性という問題は、だれもがすぐに疑問に思い、興味・関心をもつ問題ではない。しかし、日常生活での私たちの視覚行動を可能にするきわめて重要なしくみであることには間違いない。この一見ささいに思われる問題の解決に向けて、数多くの研究者が地道な研究に取り組んでいることを、一人でも多くの人々に知ってもらえれば望外の幸せである。

目　次

第一章　相殺説と眼球位置信号……三
第一節　視覚世界の安定性……三
第二節　相殺説……五
第三節　流出説……七
一　ヘルムホルツの観察……七
二　流出説の系譜……九
第四節　流入説……一四
第五節　エフェレンツ・コピー……一七
第六節　コロラリー・ディスチャージ……二〇
第二章　眼球位置信号をめぐる古典的研究……二三
第一節　眼筋の麻酔実験……二三
第二節　眼球の受動的回転と運動感覚……二九
第三節　パテ実験……三一

第四節　眼球の受動的回転と視覚定位……三五
第五節　斜視患者の定位――矯正手術の効果……三六
第六節　動物における人為的な斜視の形成……四一
第七節　眼神経の切断あるいは障害による求心経路の遮断……四三
第三章　眼球位置信号の神経学的基盤……四六
第一節　眼窩内の固有受容感覚に関する見解……四六
第二節　眼筋の伸張による脳細胞の反応……四八
一　小　脳……四八
二　上　丘……四九
第三節　眼球の位置に応じて反応が変化する脳細胞……五〇
一　頭頂葉……五〇
二　上　丘……五四
三　視覚野……五五
四　ＭＴ野およびＭＳＴ野……五五
第四節　眼球運動条件と刺激運動条件の比較……五六
一　上　丘……五七
二　視覚皮質……六〇

第五節　視線の動きに先行して受容野が移動するニューロン……六一
一　頭頂葉……六一
二　視覚野（V1、V2、V3）……六四
三　V4……六四
四　FEF……六六
五　上丘……六六
第六節　受容野が空間位置に固定されたニューロン……六七
第七節　コロラリー・ディスチャージの特定……七〇
第四章　眼球位置信号と視覚……七七
第一節　サッカード時の位置判断の誤り……七七
第二節　完全暗中での実験……八一
第三節　網膜信号の歪み説……八九
第四節　視覚情報がサッカード時の誤定位に及ぼす影響……九〇
第五節　サッカードにともなう視野の縮小……九一
第六節　サッカード時の位置変化の見落とし……九三
第五章　視覚世界の安定性を維持する心理学的しくみ……九八

第一節　サッカード抑制……九八
一　サッカード抑制の基本現象……九八
二　サッカード抑制の説明……一〇一
三　サッカード抑制の神経学的基盤……一〇四
四　サッカード抑制と視野の安定……一〇七
第二節　サッカード前後の視覚統合……一〇八
一　空間位置の融合仮説……一〇八
二　運動知覚のサッカード統合……一一二
三　サッカード間の視覚記憶……一一三
四　プレヴュー効果……一一三
第三節　サッカード前後の視覚情報の役割……一一五
一　視覚像のかすれの低減……一一五
二　サッカード時の誤定位と視覚情報……一一九
第四節　サッカード時の時間知覚……一二六
第六章　まとめ……一三〇
あとがきに代えて……一三四

目　次

注……16
引用文献……6
索　引……1

視覚世界はなぜ安定して見えるのか

――眼球運動と神経信号をめぐる研究――

第一章　相殺説と眼球位置信号

第一節　視覚世界の安定性

昔から眼はカメラにたとえられてきた。カメラにはレンズがあり、そこを通過した外界の光は奥のフィルムに結像する。眼のレンズは水晶体と呼ばれ、カメラのフィルムに相当するのが網膜である（図1・1）。このように眼とカメラは構造的によく似ているが、いくつかの重要な違いがある。まず第一に、カメラはレンズの位置を前後させて焦点を結ぶが、ヒトの眼は水晶体の厚さを変えて焦点を結ぶ。第二に、フィルムはどの部分も均質な構造と性質をもつが、ヒトの網膜では、その中心部と周辺部では、機能的に大きな違いがある（表1・1）。さらに、カメラは固定して撮影しないと、像がぶれてしまって鮮明に写らない。ところが、私たちの眼は絶えず動いているにもかかわらず、そのたびに外の世界がぼやけて見えなくなるといったことはない。しかも、ビデオカメラと比較してみると、手元がぶれるとビデオカメラの映像もフラフラ動いてしまうが、私たちが眼を動かした時、外の世界が動いて見えることはない。

本書であつかう問題は、この最後に述べた点である。眼を動かせば、そのたびに眼の中に映った外界の像は、網膜の上で動くことになる。それにもかかわらず、私たちには外の世界が動いているようには見えない。このよ

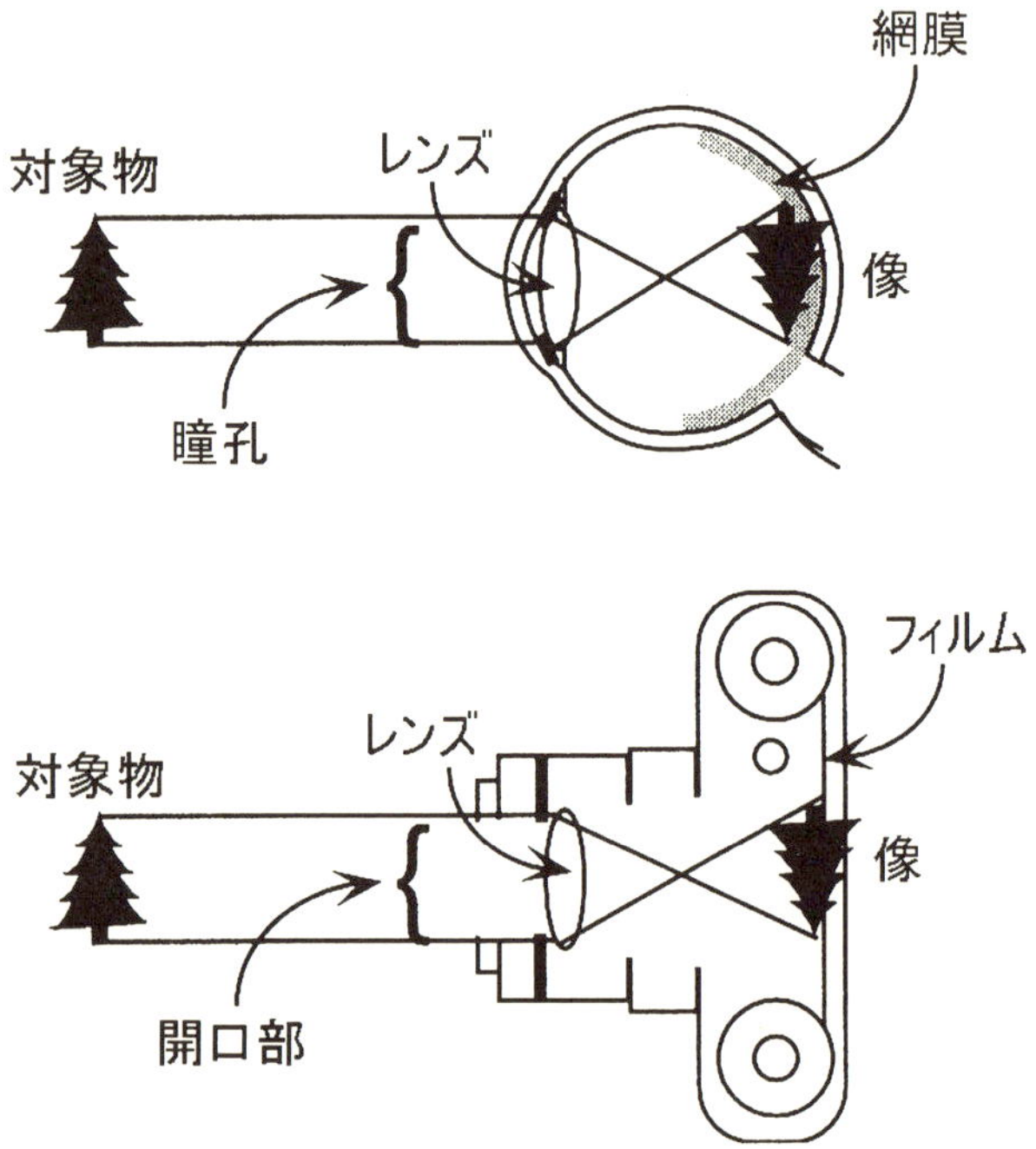

図1.1　眼とカメラ

表1.1　ヒト網膜の中心部と周辺部の機能的な差異

構造と機能	中心部	周辺部
おもな視細胞	錐体細胞	桿体細胞が優勢
空間解像度（細かいものが見えるか）	優れる	劣る
感度（暗くても見えるか）	比較的悪い	比較的良い
色覚	有り	あまり無い

うな現象は「視覚世界の安定性（visual stability）」、あるいは「視覚的な位置の恒常性（position constancy）」と呼ばれ、古くからそのメカニズムをめぐって、多くの研究者が議論を交わしてきた。

なぜ眼を動かしても、外の世界は静止して見えるのか？　これに対する古くからの答えは、次のようなすこぶる単純なものだった。すなわち、私たちは眼を動かした時に、自分の眼が動いていることを知っている。だから、網膜に映った像が動いても、それを外界の動きとは考えないで、自分の眼が動いたことによると考えるのだ。

ただし、私たちは眼を動かすたびに、いちいち自分の眼が動いていることを意識しているわけではない。私たちは無意識のうちに眼を動かし、キョロキョロと外界を見渡している。それゆえ、外の世界が静止して見えるのは、自分の眼が動いていることを知っているためというよりも、意識にのぼらないなにかが働いていると言ったほうが正しい。

第二節　相殺説

そのなにかとはいったいなんだろうか？　多くの研究者は、それを脳の中で生じる特殊な神経信号と考えた。この考えによると、視覚世界の安定性を支えるメカニズムは、次のように説明される。

眼を動かすと外界の映像も網膜上で動く。この網膜上での変化は、視神経を通って脳に伝えられる。この信号は一般に網膜信号（retinal signal）と呼ばれる。一方、それと同時に眼が動いたことを知らせる神経信号も生じる。この信号は、眼がどの方向を向いているかを時々刻々知らせる信号であり、研究者の間では眼球位置信号（eye position signal）と呼ばれている。眼球位置信号とは、眼が収まっている頭骨のくぼみ（眼窩）の中で、眼球がどの位置にあるか、すなわちどの方向を向いているかを知らせる信号という意味である。

眼を動かしても外の世界が動いて見えないのは、網膜信号によって伝えられた網膜像の動きが、眼球位置信号によって相殺されるためである。すなわち、視覚中枢に伝えられた網膜像の動きは、眼球位置信号によって、眼が動いた分だけ差し引かれる（補正される）。このような計算は、無意識のうちに脳の中で行われる。結果的に私たちは、いちいち眼を動かしたことを意識しないでも、眼が動いたことを考慮して眼に映った外界を解釈し、外の世界は静止して感じられるのである。このようなアイデアは、さまざまな研究者によって提案されているが、

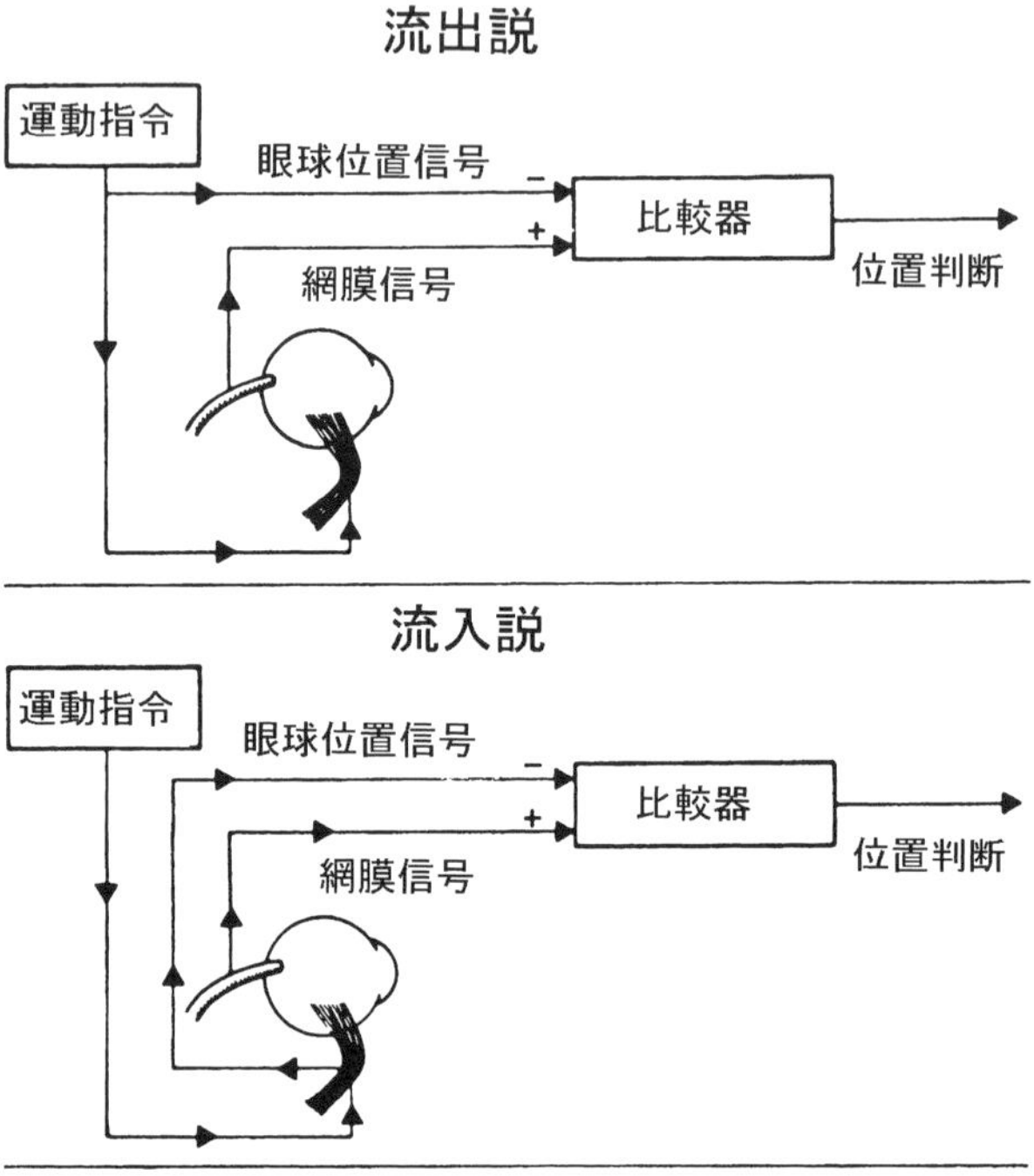

図1.2　流出説（上）と流入説（下）

それらをまとめて相殺説（cancellation theory）と呼んでいる[1]。

先に、眼球位置信号は、脳の中で生じる特殊な神経信号だと述べた。しかし、実はこのような述べ方は正確ではない。というのは、眼球位置信号の存在は認めるとしても、それがどこから発生するかについては意見の一致を見ていないからである。

眼球位置信号の発生場所については、古くから対立する二つの考えがあった。ある研究者は、眼球位置信号は脳の中のどこか、おそらくは眼を動かすことを指令する場所から出ていると考えた。このような考えは、脳の内部から信号が外に出ているという意味で流出説（outflow theory）と呼ばれる（図1・2）。一方、別の研究者は、眼球位置信号は、眼を実際に動かす筋肉、すなわち眼筋（外眼筋）から発生し、脳に伝えられると考えた。このような考えは流入説（inflow theory）と呼ばれる。

第三節　流出説

一　ヘルムホルツの観察

ヘルムホルツ（Helmholtz, H. von 図1・3）は、その大著『生理光学ハンドブック』の中で、流出説の根拠として次のような理由をあげている（Helmholtz, 1866)。

（1）片方の眼球をまぶたの上から指で押す、あるいは眼球を取り囲む皮膚を引っ張って片方の眼を動かすと、その眼で見ているものが（眼が動いた方向と反対方向に）動いて見える。この状態で、もう一方の眼を開けて両眼で見ると、対象は二重像になって見える。

（2）眼球が外部の力で動かされた時、残像は静止して見えるが、みずから眼を動かした時は、残像は動いて見える。

（3）眼筋の麻痺した患者が、ある方向に眼を動かそうとすると、実際には眼は動かないのに、患者のその眼には外の景色が（眼を動かそうとした方向に）動いて見える。患者が両眼を開いていると、それが二重像となって見える。

それではなぜこのような観察事例が、流出説の根拠となるのだろうか？　ヘルムホルツは、私たちが眼を動かす時、視線の方向すなわち眼球の位置の判断は、眼を動かした際の意志的努力あるいは意志的緊張（Wissen-sanstregung）にもとづいてなされると考えた。ヘルムホルツが意志的努力あるいは意志的緊張と呼んだものは眼球位置信号に相当する。

右に述べた（1）の例について考えてみよう。眼球を押すなどして外部からの力で眼球を動かすと、それにともなって外部にある静止対象の網膜像も動く。しかし、自分で意図的に眼を動かしたわけではないので、眼球位置信号は生じない。それゆえ、相殺説に従えば、網膜像の動きは眼球位置信号によって補正されない。このため、動かされた眼で観察した静止対象は動いて見える（眼球の動いた方向とは反対方向に動いて見える）が、動かされなかったほうの眼に映っている静止対象は当然動いて見えない。その結果、両眼で見ると二重像が見える。

（2）についても同様に説明される。残像は網膜にある視細胞の興奮状態が、刺激を取り去ったあとも続いているために生じる。この意味で、残像は網膜に張り付いている。このため、外部の力で眼を動かされても、網膜上の残像の位置は変わらない。さらに、意図的に眼を動かしたわけではないので、眼球位置信号も存在しない。つまり脳には眼が動いたことが伝わらない。眼が動いても網膜上の残像の位置は変わらず、しかも脳は眼が動いたことを知らないために、残像は最初の位置に止まっているように感じられる。一方、眼を意図的に動かした場合には、眼球位置信号が眼の動きを知らせているにもかかわらず、残像は網膜上の位置を変えない。このため、視野の中央に見えた残像は、視線の方向を変えたあとも視野の中央に見える。要するに、残像は眼の動きとともに位置を変える。

（3）の場合は次のように説明される。眼筋が麻痺しているために患者の眼は動かない。つまり、網膜像は動かないので網膜信号に変化はない。しかし、患者が眼を動かそうとすれば、眼球位置信号が発せられる。眼球位置信号の補正は必要ないのに、眼球位置信号だけが生じてしまったわけである。眼は動いたはずなのに、網膜像に変化はないのだから、きっと外にあるものが動いたのだろうと脳は解釈する。その結果、外界は動いて感じられる。

このように、（1）から（3）の観察事実は、眼球位置信号が脳内のどこかから発生していると仮定することでうまく説明できる。つまり流出説を支持していることになる。逆にこれらの事実は流入説ではうまく説明できない。たとえば（3）について考えてみよう。流入説が主張するように眼球位置信号が眼筋から発しているとすれば、眼筋麻痺の患者が眼を動かそうとしても、もともと眼筋が収縮しないので、眼球位置信号は出てこない。しかも網膜像に変化はない。このような条件では脳は外の世界が静止していると判断するはずである。しかし実際には、患者は外の世界が動いていると感じるのだから、流入説は間違っていることになる。

二　流出説の系譜

右に述べたように、一般に流出説を唱えた人物としてはヘルムホルツがよく知られており、その根拠となったのは、（1）眼が外部の力で受動的に動かされた時の視覚世界の見え、（2）眼を動かして観察した残像の動き、（3）眼筋麻痺の患者からの知見であった。しかし、言うまでもなくこれらの知見は、ヘルムホルツが最初に唱えたことではなく、それ以前からよく知られていたことだった。

たとえば（2）については、すでに古代ギリシャの哲学者アリストテレス（Aristoteles）によって指摘されている。彼は今日の視覚心理学でとりあげられるい

図1.3　ヘルムホルツ（Hermann von Helmholtz, 1821-1894）
(Goldstein, 1999, *Sensation and Perception*, Belmont, CA.: Wadsworth.)

図1.5　ベル（Sir Charles Bell, 1774-1842）

（Wade, 1998, *A natural history of vision*, Cambridge, MA: MIT Press.）

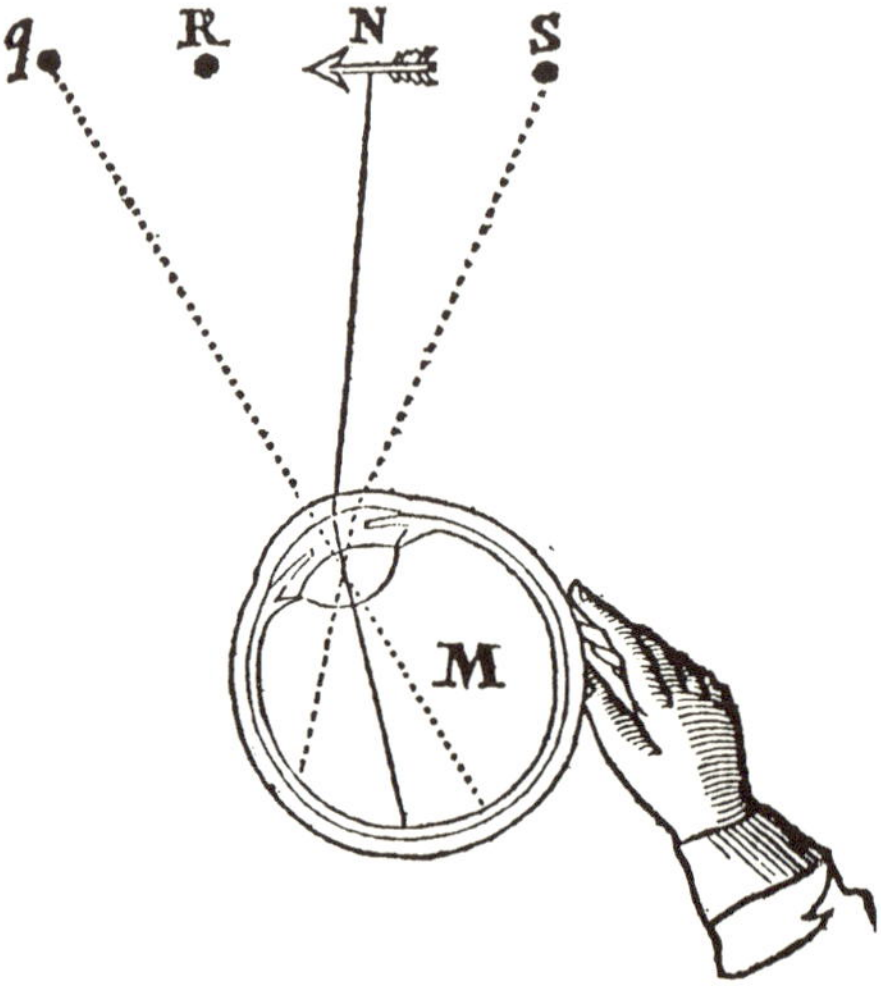

図1.4　デカルトの実験

もし眼（M）が外部の力によって回転され，視線方向が対象物Nの方向からｑの方向に変化すると，霊魂は眼がｑの方向でなく，Nとｑの中間のRの方向を向いていると判断する。この時Nの位置は，眼がRの方向を向いている時に見えるはずのSの位置にあると判断される。

くつかの視覚現象について記載したことで知られる。たとえば彼は、滝の錯視と呼ばれる運動残効や残像について論じており、とくに残像については、それが視線の変化とともに位置が変わって見えることを指摘している。[2]

また（1）については、一七世紀のフランスの哲学者デカルト（Descartes, R.）の著書の中に明確に記載されている（図1・4）。デカルトは、眼が眼窩内で受動的に動かされると、外界にある対象物の位置が変化して見えることについて述べており、さらにその理由は、網膜上における対象物の映像の位置と、眼筋の活性化パターンから予測される対象物の外界における位置が一致しないことによると考えた。[3]

時代が下って一九世紀になると、こうした視覚現象は当時の多くの生理学者によって指摘されることとなった。ベル[4]（Bell, C. 図1・5）はベル-マジャンディの法則で知られる英国の生理学者であるが、彼は、眼に残像を作ってから眼を意図的に動かすと残像が動いて見えるが、眼が外部の力によって動かされた時には、残像は動いて見えないこと、また、両眼でものを見ながら一方の眼を押すと、ものは二重になって見えるが、残像の場合には二重には見えないことなどを記している（Wade, 1978）。

またプルキンエ（Purkyně, J. E. von 図1・6）は、残像は眼が受動的に動かされた時には静止して見えるが、自分の意志で眼を動かした時は、その方向に動いて見えること、また、残像ではなく、実際のものを見た場合には、受動的な眼の動きによってそれが動いて見えるが、意図的に眼を動かした時には動いて見えないことを述べている。彼はさらに、ゆっくり動いているものを眼で追うと、その後ろの背景が、眼の動きとは反対方向に動いて見えることを発見した。ただし、その背景の動きは眼の動きよりも遅い。この現象はのちにフィレーネ（Filehne, W.）によって詳しく調べられた[5]。また、普通は眼を動かしても外の世界は動いて見えないが、速い速度で眼を左右に繰り返し動かすと外の世界は揺れて見えることも記している。

図1.6　プルキンエ（Jan Evangelista Purkyně, 1787-1869）
（Grüsser, 1984, *Human Neurobiology*, 3, 129-144.）

以上のことからプルキンエは、視覚における運動要因の重要性を指摘し、視覚世界の安定性を、触覚の領域にも当てはめて論じている。静止した手の皮膚上に提示した触刺激を動かすと、触刺激が動いて感じられる。触刺激のほうを静止させておいて手を動かしても、触刺激のほうが動いて感じられる。このような観察事実から、プルキンエは、眼を動かしている時に与えられる求心性の視覚運動信号（網膜信号）は、それと同時に生じる眼の動きを示す信号によって補正されると結論した（Grüsser, 1986）。

プルキンエの結論は、明らかにヘルムホルツの考えとまったく同じである。それゆえ、ヘルムホルツが述べたことは当時の多くの研究者の共通の認識であったとも言える。一九世紀後半に活躍したヘリング（Hering, E.）やマッハ（Mach, E. 図1・7）といった人たちも、ヘルムホルツの考えと同様の見解を示している。マッハは著書『感覚の分析』の中で次のように述べている（Mach, 1886）。「空間感覚が運動性の過程と関連していることは、かなり以前から、もはや論争の余地がなくなっている。……客体Oを凝視しながらまっすぐに前方を見つめると、網膜上のａ——最明視の部位Oよりも低い——に映る客体Aがある高さに見える。Bを凝視しながら視線を上げてもAは以前の高さのままである。もしも網膜上の像の位置、ないし、弧ｏａのみが空間感覚を規定しているとすれば、Aは以前より高く見えるはずである。……それゆえ、視線を随意的に上げる運動を規定している生理的過程は、高さの感覚を全面的ないし部分的に代償でき、これと等質的である。（図1・8）」要するに、意図的に眼を動かした時は、それによって外界にある対象物の像が網膜上で変化しても、その対象物は以前に見えた位置に見える。これは眼を動かす生理的な過程が関わっているからだと述べているのである。

ヘルムホルツは、眼筋麻痺の患者が眼を動かそうとすると、外の世界が動いて見えることを、流出説の根拠の一つにあげた。この知見は、ベルリンの眼科教授であったグレーフェ（Graefe, A. von）の実験観察による。それによれば、その患者は一方の眼の眼筋が急性の麻痺に冒されていた。眼の前にある静止対象を見るために、それに向けて麻痺した眼を動かそうとすると（単眼での観察）、その静止対象は眼を動かそうとした方向に動いて見えた。このため、麻痺した眼を動かそうとするたびに、患者はものの位置を間違えて判断した。ただし、こうした症状は数日で消失した。マッハはこの眼筋麻痺によって生じた異常な視覚体験を、実験的にシミュレートしている。彼は自分の眼をできるだけ左に回転させておいて、眼球の右側に二個のしっかりした大きなパテ塊を押し付けた。こうしておいて急に右を見ようとすると、眼球がいびつになっているために、うまく右に向けられないのだが、この時外にあるものが過度に右に振れて見えるという。

図1.7　マッハ（Ernst Mach, 1838-1916）
（渡辺義雄編『立体 哲学』朝日出版社，1973）

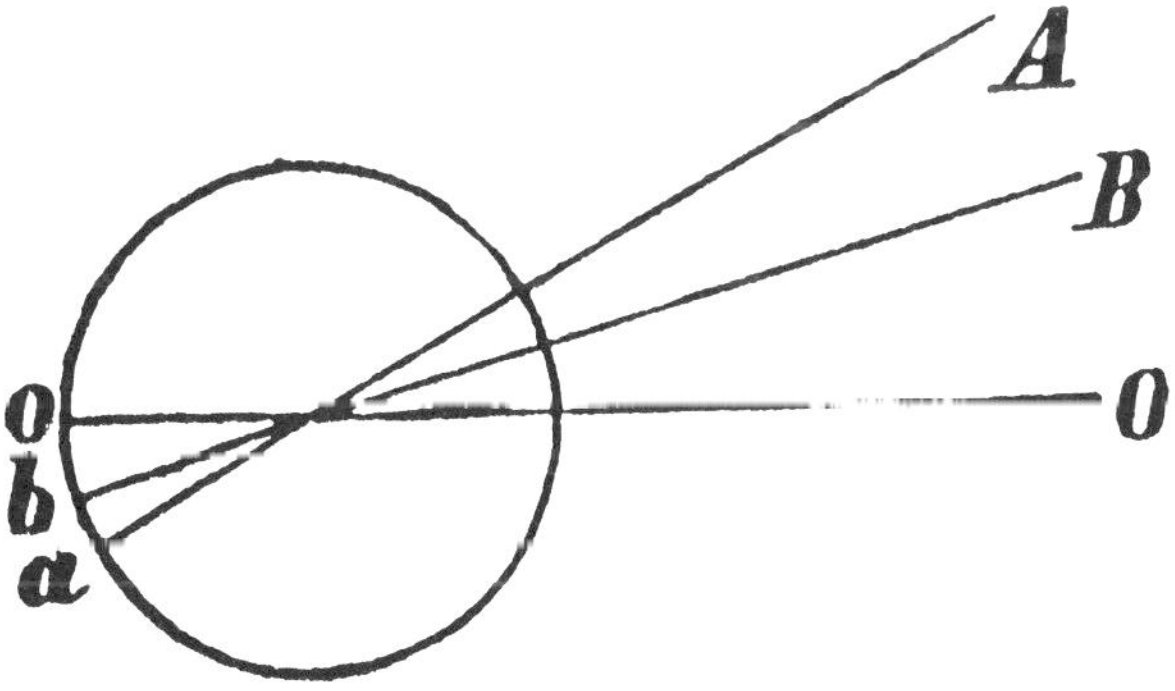

図1.8　空間感覚が運動性の過程に関連していることを示す図
（Mach, 1918, *Die Analyse der Empfindungen und das Verhaltnis des Physischen zum Psychischen*, Jena: Gustav Fischer.）

第四節　流 入 説

流入説とは、眼の動きを知らせる神経信号は末梢の眼筋から生じているとする説である。ヘルムホルツらがさまざまな実験観察にもとづいて流出説を主張したにもかかわらず、それとは反対の立場である流入説が、当時の有力な研究者によって主張された。流入説を唱えたもっとも有名な人物として、アメリカの心理学者ジェームズ（James, W. 図1・9）が知られている。彼はその著書『心理学原理』の中で、次のように述べている（James, 1890）。受動的な運動においてその運動を意識できるのは、そのようすを眼で見たり、その時発する音を聞いたりするといった手がかりによるが、能動的な運動においては、それらに加えて、筋からの求心性の感覚、すなわち腱、靭帯、関節周囲の皮膚などからも、運動感覚がもたらされる。このような感覚は受動的な運動においてももたらされるので、たとえば自分の腕が誰かによって動かされた時、眼を閉じていても、腕がどの位置にあるかを知ることができる。（四八八頁）

またジェームズは、ヘルムホルツやマッハが示した例証に対しても次のように反論している。ヘルムホルツは、眼筋麻痺の患者が、その麻痺した眼を動かそうとすると、視対象が動いて見える事実をあげているが、この場合、二重像を防ぐためにカバーをかけられた正常なほうの眼からの求心性感覚についても考慮する必要がある。たとえば右眼が麻痺した患者が、右側にある対象を見ようとした場合について考えてみよう。この時ヘリングが示したように、両眼とも動こうとする。しかし、麻痺した右眼は途中で止まってしまう。その結果、右眼には対象が依然として右側に見える。一方、カバーをかけられた健常な左眼は対象の方向に向くまで動く。健常な左眼からの求心性感覚は、麻痺した右眼からの不完全な求心性感覚に勝る。このため患者には、眼は十分に対象の方向を向いているはずなのに、対象はさらにその右側にあるように見える。つまり、ヘルムホルツのように遠心性の眼球位置信号を仮定する必要はない。（五〇八－五〇九頁）

マッハのパテ実験については、ジェームズ自身が試みても、その理由は明らかでないが、成功しなかったこと、たとえ成功しても、この実験事態はあまりに複雑すぎて、マッハの理論的結論を導き出すことができないのではないかと述べている。すなわち、この方法ではパテ塊によって眼が圧迫され、異常な感覚が生じ、このため眼球の位置に関して誤った知覚判断がなされたのではないかと述べている。（五〇九頁）

中枢よりも末梢系の役割を重視するジェームズの立場は、ヴント（Wundt, W.）の弟子ミュンスターバーグ（Münsterberg, H.）をハーヴァード大学に招いて実験心理学の指導にあたらせたことと無縁ではないかもしれない（Roback, 1952）。当時、ヴントとミュンスターバーグは意志反応の実験をめぐって対立していた。ヴントはたとえば錘を持ち上げる時に費やす努力の量は、中枢神経系から筋肉に発せられる神経興奮によって意識されると考えた。これに対してミュンスターバーグは、努力の感覚は筋肉や腱や関節からくる運動感覚によると主張した。ジェームズは『心理学原理』の中で、たびたびミュンスターバーグの考えを引用し、彼の著作を賞賛してい

図1.9　ジェームズ（William James, 1842-1910）

(Kimble, Wertheimer, & White (eds.), 1991, *Portraits of pioneers in psychology*, Hillsdale, N.J.: Lawrence Erlbaum Associates.)

図1.10　シェリントン（Sir Charles Sherrington, 1875-1957）
(Rosenzweig, Breedlove, & Leiman, 2002, *Biological psychology*, Sunderland, MS.: Sinauer Associates.)

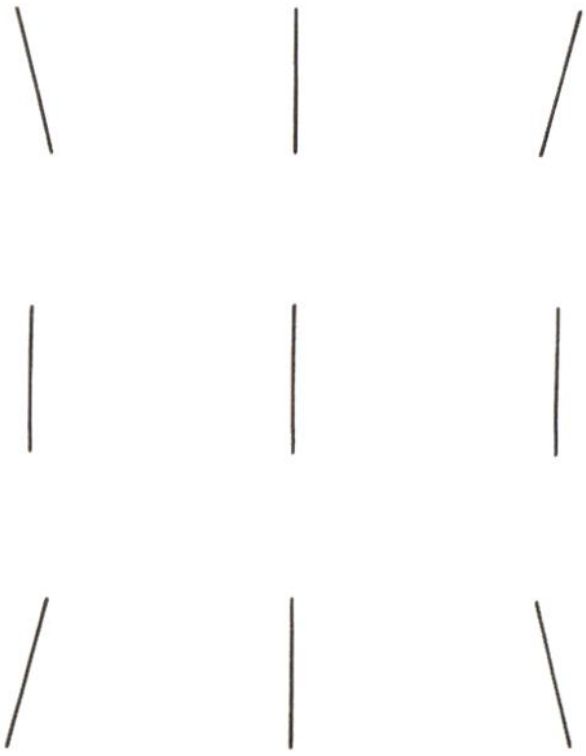

図1.11　ドンデルスの法則を示す視覚現象
まっすぐ前方を見た状態（第１眼位）で観察した垂直線の残像は，上下，および左右に視線を向けても（第２眼位）垂直の残像に見えるが，斜め上および斜め下に視線を向けると（第３眼位）残像は傾いて見える。（Nakayama, 1978, *American Journal of Optometry*, 55, 331-336.）

る（五〇五頁）。

イギリスの生理学者シェリントン（Sherrington, C. S. 図1・10）は、ジェームズと同様に、筋感覚が空間知覚に果たしている役割を強調したことで知られている。彼は、眼筋の固有受容神経が、空間の知覚に役立っていることを次のような例をあげて説明している（Sherrington, 1918）。眼の前の壁に垂直方向に並んだ三つの点を提示し、その中央の点を真正面から注視すれば、三つの点は垂直方向に並んで見える。次にこれらの三つの点とは別に、その右上の位置に、同じように垂直に並んだ三つの点を提示し、その中央の点を注視する。この場合も三つの点は垂直方向に並んで見える。しかし、後者の場合、中央の点は前者の場合と同じように網膜の中心窩に投射されるが、上の点と下の点は、視線を変えたことによって、網膜上の異なる位置に投射される。これは視線を真正面に向けた状態から、斜め方向に向けると、視線の向きが変わるだけでなく、眼球自体がわずかにねじれ運動（捻転運動）を起こすことによるのであり、この現象はドンデルス（Donders）の法則（リスティング（Listing）の法則と呼ぶ場合もある）としてよく知られている（図1・11）。つまり、注視位置を変える前と変えた後では、三つの点のうちの上下の二つは、網膜上の異なる位置に投射されるのである。それにもかかわらず、観察者には三つの点はどの場合も垂直に並んで見える。これはなぜなのだろうか？　シェリントンは、眼筋からの感覚が役立っていると主張する。視線方向を伝える眼筋からの感覚情報と、網膜からの情報との組み合わせによって、三つの点は空間内に正しく定位されるというのである。

第五節　エフェレンツ・コピー

眼球位置情報の発生場所をめぐるこれまでの議論は、残像の見え方といった日常生活での観察や、眼筋が麻痺した患者の行動に関する逸話的な観察にもとづくものであった。二〇世紀になると、より実験的な操作を加えた組織的な研究によって、この問題が検討されるようになってきた。中でも流出説に関しては、のちの研究に大きな影響を与えた二つの優れた研究が発表された。それは、ドイツのマックスプランク研究所のホルスト（Holst, E. von）による動物の行動制御に関する研究と、当時シカゴ大学にいたスペリー（Sperry, R.）による動物の視覚行動に関する研究である。

ホルストは、まず感覚器官から発せられる求心性の神経信号（afference）を、re-afference と ex-afference に分類することを提案する。眼を動かすと外界の網膜像も変化する。これによって視神経に伝えられる信号は

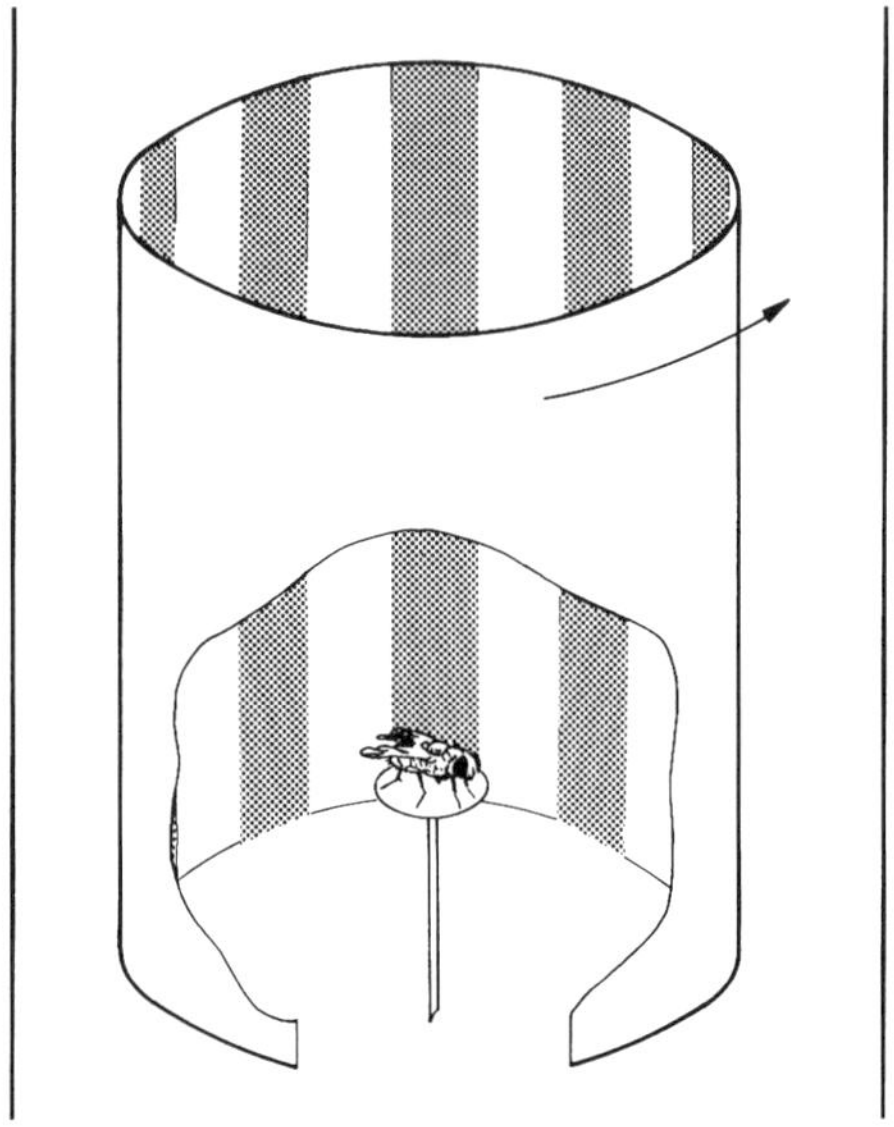

図1.12　ホルストの行った実験の様子

re-afferece 信号であり、眼球運動と密接に関連している。これに対して、眼を動かさない状態で外界のものが動いたことによって生じる網膜信号は、ex-afference 信号である。重要なことは、re-afference 信号も ex-afference 信号もともに網膜から発せられる信号であることであり、脳はいかにしてこの二つを区別しているかである。

ホルストは同僚と行った実験から、その解答を得た。内部に縦縞を描いた円筒の中にハエを置いて円筒を回転させると、ハエは円筒の運動方向に体を回転させる。この反応は運動する縞模様によって引き起こされた反射であり、視運動性反射と呼ばれる。一方、静止した円筒の中で、ハエは自発的に体の向きを変えることがある。この時、ハエの眼の中では、周囲の縦縞の映像が網膜上で動くはずである。その網膜像も視運動性反射を引き起こすはずであるが、そうはならない。では、なぜハエは視運動性反射にさからうことができるのだろうか？　単純に考えれば、自発的に体の向きを変える時だけ視運動性反射は遮断されるためだということになる。しかし、このような答えは間違っているとホルストは言う。彼らはハエの頭部を一八〇度回転させ固定した。これによって体の右側にあった複眼は左側に、左側にあった複眼は右側に変わる。このようにされたハエでは、周囲の動きの網膜像は、正常なハエの網膜に映る映像と反対方向に動く。このような特殊な処置をされたハエを静止した円筒の中におくと、奇妙な行動が生じる。ハエは、一旦動き出すと、円筒の中で右側あるいは左側方向に絶えず回転し続ける。あるいは左右方向交互に回転するのを繰り返す。頭部をもとに戻すと、行動は正常に戻る。

この結果を説明するためにホルストはエフェレンツ・コピー（Efferenzkopie, efference copy）という概念を提案する。エフェレンツ・コピーとは、文字どおり「遠心性（efference）信号のコピー」という意味であり、中枢からの運動指令と同じ神経信号が出ていることを述べている。ホルストが行ったハエの実験の場合、ハエがみずから体の向きを変えても視運動性反射が生じないのは、体の向きを変える際に中枢から発せられたエフェレンツ・コピーと、網膜上で生じた周囲の縦縞の映像の動きが打ち消しあうためであると考えられる。ところが、頭部を一八〇度回転されたハエの場合には、網膜像の動きは予測された方向とは反対方向の動きとなる。このため、網膜像の動きをエフェレンツ・コピーによって相殺することができず、異常な行動を繰り返すことになると考えられる。

エフェレンツ・コピーの役割を示す別の例として、ホルストは水晶体調節とものの大きさの知覚の関係をあげている。水晶体は、通常は遠方に焦点があった状態にあるが、近くを見る時は焦点を合わせるために厚くなる。アトロピンなどを投与して水晶体調節ができないように麻痺させると、遠くに焦点があったままの状態になる。この時近くのものを見ると、視野内のものが小さく見える（小視症 micropsia）。これは、エフェレツ・コピーは水晶体が厚くなっていること、すなわち近くを見ている状態であることを知らせているにもかかわらず、水晶体は遠くに焦点があったままであるために生じる。

遠くにあるものを見て作った残像を、近くの壁に投影して見ると、残像は小さく見える。この場合、残像は観察距離とは無関係に網膜上では同じ大きさのままであるにもかかわらず、水晶体調節の命令（エフェレンツ・コピー）だけが変化する。この食い違いのために、残像の大きさは異なって見える。この反対が、等距離にある大小二つのものを観察する場合である。水晶体は変化しないが、網膜像の大きさは異なる。それゆえ、二つの大きさは正しく知覚される。

このように、エフェレンツ・コピーは視覚系のみならず運動一般の制御に関わる神経信号として提案された概念である。ホルストは、このエフェレンツ・コピーの概念を用いて、受動的に眼が動かされた時に観察される視覚世界の動きや、マッハのパテ実験について説明している。それゆえ、エフェレンツ・コピーは眼球位置信号を包括するより大きな概念と言える（Holst & Mittelstaedt, 1950）。

第六節　コロラリー・ディスチャージ

のちに分離脳の研究で知られることとなったスペリーは、一九四〇年代に魚類や両生類の動物を用いて、眼球を外科的に回転させたり、眼球と視神経の結合を変える多数の実験を行った。眼球を眼窩内で一八〇度回転された動物は、旋回運動を示すようになる。この行動はどのように説明されるだろうか？

図1・13に示したように、眼球が正常な位置にある動物と、眼球を一八〇度回転された動物の網膜に映る映像を比較してみよう。正常な眼の魚が後退運動をした場合に生じる網膜像の動きと、回転した眼球をもつ魚が前進運動をした場合の網膜像の動きは同じである。それにもかかわらず、後者の場合だけ異常な旋回運動が生じるのはなぜだろうか？　網膜像の動きは同じなのだから、その原因を網膜像の動きに求めることはできない。それゆえ、身体運動に関する情報が重要であると考えられる。身体の運動を知らせる情報は、おそらく末梢の感覚受容

器からも脳に伝えられると考えられる。しかし、スペリーの実験では、身体の動きを検出するのにもっとも重要な前庭系を破壊した動物でも、旋回運動が観察された。このことは末梢の感覚受容器からの信号はあまり重要でないことを示している。

そこでスペリーは、それに代わる信号として、運動の開始とともに中枢から発せられる遠心性の信号を想定し、これをコロラリー・ディスチャージ（corollary discharge）と呼んだ。コロラリー・ディスチャージとは、運動を指令する神経信号が発せられると同時に、副次的にそれと並列的に発せられる神経興奮といった意味である。正常な眼をもつ動物では、身体運動にともなって生じる網膜像の動きは、コロラリー・ディスチャージによって相殺される。その結果、網膜像の動きは身体の動きによって生じた動きであると正しく評価される。一方眼球を回転された動物では、網膜像の動きとコロラリー・ディスチャージは対応しない。この不一致によって旋回運動が生じると考えられる。スペリーの提案したコロラリー・ディスチャージは、ほぼ同時期にホルストが提案したエフェレンツ・

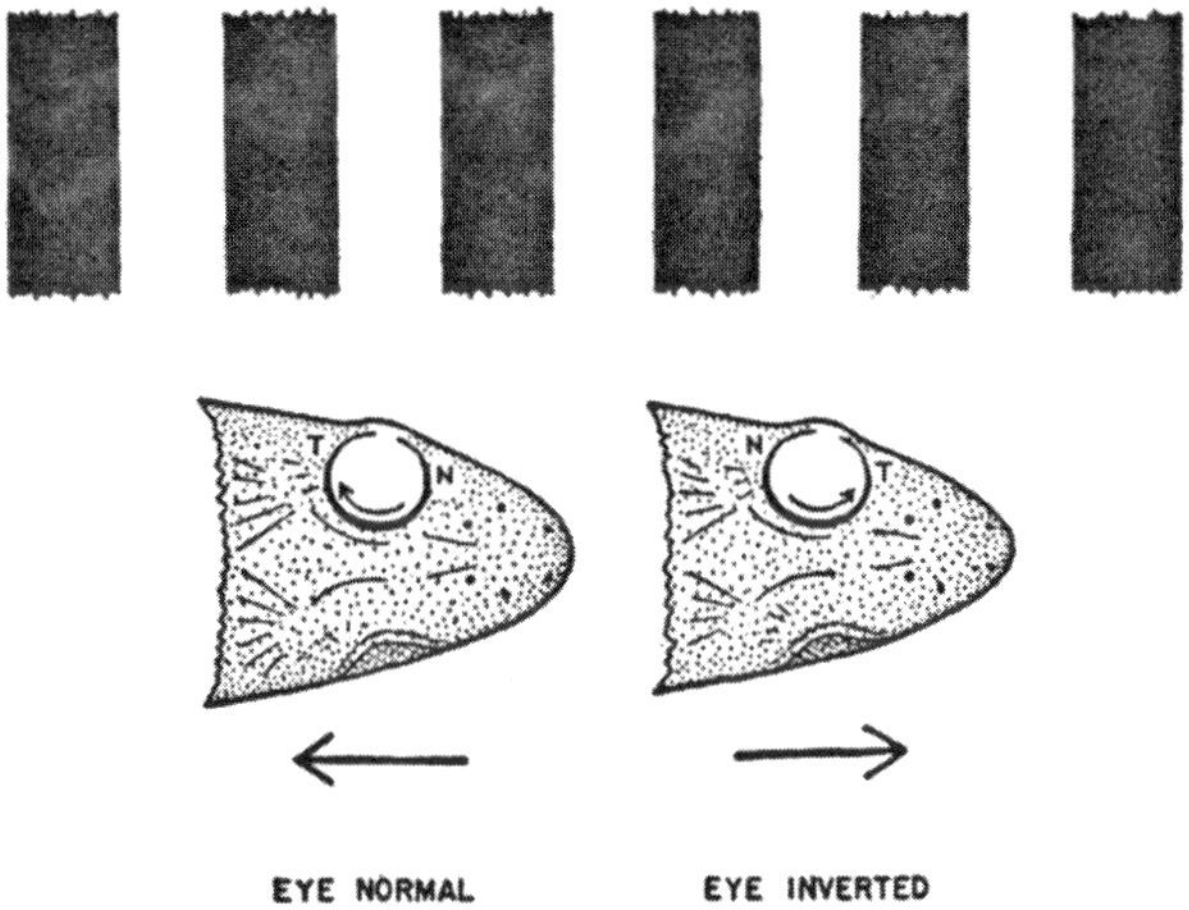

図1.13　正常な魚が後退運動した時の外界（上の縞模様）の映像は，網膜像上で鼻側（N）から後側（T）に向かって動く。一方，眼を180°回転された魚では，前進運動をした時に，網膜像が鼻側網膜から後側網膜方向に動く。
(Sperry, 1950, *Journal of Comparative and Physiological Psychology*, 43, 482-489.)

コピーと同じ概念である（Sperry, 1943, 1950）。コロラリー・ディスチャージという用語はとくに神経学者の間でよく知られ、眼球位置信号を意味する用語として用いられることが多い。

第二章　眼球位置信号をめぐる古典的研究

第一章で述べたように、相殺説で仮定された眼球位置信号の発生場所については、脳内の動眼中枢とする説、すなわち流出説を主張する人々と、眼筋からとする説、すなわち流入説を主張する人々の間で論争が交わされてきた。流出説における眼球位置信号は、中枢から末梢へ伝えられる信号という意味で遠心性の信号（efferent signal）であり、流入説における眼球位置信号は、末梢部から中枢へ伝えられる信号という意味で求心性の信号（afferent signal）である。この二つの考えのどちらが正しいかをめぐっては、今日にいたるまで多くの研究がなされてきたが、最終的な結論にはいたっていない。本章ではそれらのさまざまな研究について、その研究方法の違いにもとづいて紹介する。

第一節　眼筋の麻酔実験

ヘルムホルツやマッハが流出説を主張した根拠の一つは、眼筋が麻痺した患者が眼を動かそうとすると、視覚世界が動いて見えることであった。もしこれが事実であるならば、麻酔を使って眼筋を麻痺させた場合も同じ結果が得られるはずである。一九三〇年代ごろから、この点を確認しようとする研究がいくつか報告された。

コーンミュラーは、被験者の右眼の眼筋をノボカイン溶液で麻酔して、その効果を調べた（Kornmüller, 1931）。この方法は、球後ブロック（retrobulberblock）と呼ばれる。各眼筋に注入されたノボカイン溶液の総量は三・二五ccにも達した。注入直後、眼は眼球突出の状態となり、動かすのが困難になった。この実験ではノボカイン注入後のさまざまな経過時間で、眼球の状態が調べられ、かつ折にふれて、いくつかの視覚や動作に関わるテストが行われた。その中でもとくに麻酔された眼を動かそうとした時の見え方は、次のように記載されている。

両眼を開いて見ると、二重像が見えた。麻酔された眼でものを見ながら、体や頭を動かすと、大きく動いて見えた。麻酔された眼を動かそうとすると、動かそうとした分だけ、ものが動いて見えた。たとえば、麻酔された眼をまっすぐ前方を向いている状態から左側に動かそうとすると、実際眼は動いていないのに、それまで右側に見えていた窓が、中央あるいは左側の位置に見えた。眼を上あるいは下に動かそうとした場合も、それと同じ方向にものが動いて見えた。このことをより正確に確認するために、図２・１のような装置を用いて、テストした。被験者の頭部を固定した上で、正常なほうの眼を覆い、麻酔をかけたほうの眼で観察させた。被験者は、レール上の針が見かけ上自分の真正面に来るように調整した。次に、被験者に右側（あるいは左側）に眼を向けるように教示すると、実際には眼は動かないにもかかわらず、針は正面ではなく、右側（あるいは左側）に見えた。そこでこの状態で被験者に針が正面に見えるように調整させると、針の位置を左側（あるいは右側）にずらした。つまり、針が正面に見えるためには、眼を向けた方向と反対側に動かさなければならなかった。

これらの結果はヘルムホルツやマッハによって述べられた眼筋麻痺の患者における観察結果や、パテ実験の結果と同じである。ただし、コーンミュラー自身、自分の研究については次のような問題があることを指摘している。先に述べたように、多量の麻酔液の注入によって、眼球突出の状態になった。このため、被験者の眼球が動かなくなったのは、眼筋が麻酔されたためでなく、眼球突出による機械的な原因による可能性がある。また、ノボカインは眼筋に作用したと思われるが、その他の部位にも浸透した可能性がある。さらに、ノボカインの注入によって、眼筋からの感覚性の神経が冒された可能性があるので、この種の感覚の役割についてはなにも言えない。

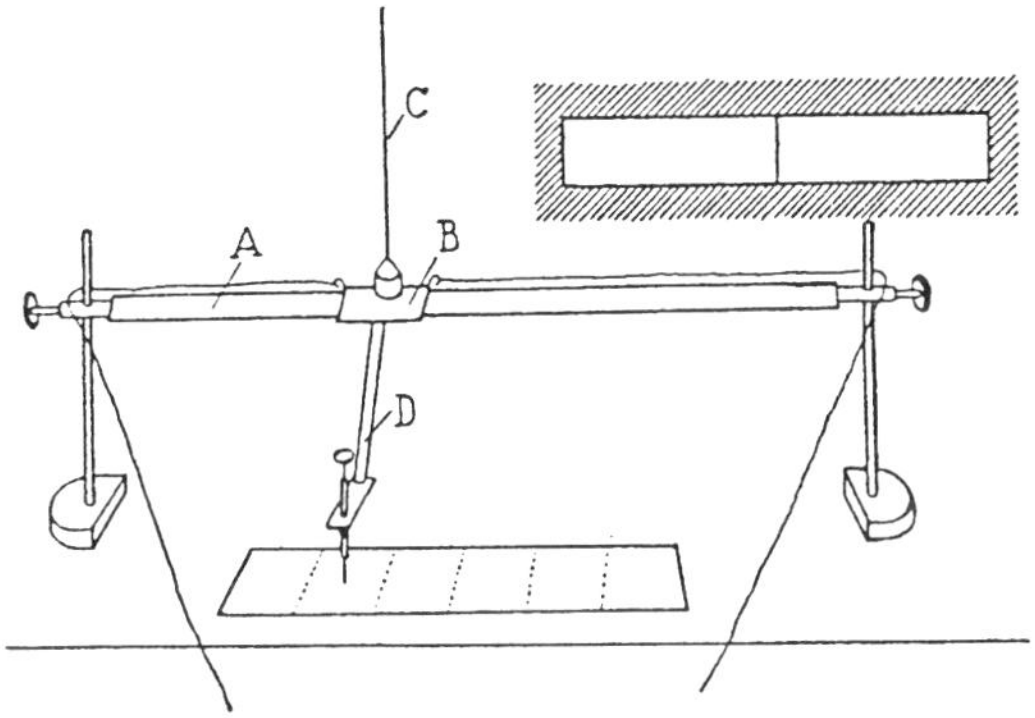

図2.1　A：レール，B：台，C：針，D：レバー。針の位置は，下の紙に記録される。図の右上に示されたように，被験者には針だけが見えるように枠によって視野を制限した。
(Kornmüller, 1931, *Journal für Psychologie und Neurologie*, 41, 354-366.)

コーンミュラーの実験は、眼筋の麻酔によって、眼筋麻痺の患者で観察されたような視覚世界の動きが生じることを示した。しかし、この種の実験による結果は、麻酔の深さによってかなり異なるらしい。ジーベックは、クラーレによる眼筋麻痺の効果について検討した（Siebeck, 1954）。それによると、麻酔が軽くて麻痺もわずかな場合には、被験者が眼を動かそうとすると、外界は動いて見えた。これは先に述べたコーンミュラーの報告と同様である。しかし十分に麻酔を利かせると、頭部を固定している限り、周囲は静止して見えた。被験者に眼を動かすように求めると、被験者は明らかに眼球が動かないという感覚をもっており、かつ外界が動いて見えることはなかった。しかし、頭部を動かすと、頭の動きとは反対方向に周囲が動いて見えたという。この麻酔が深い場合の結果は、先行研究で報告された結果とは一致しない。

ジーベックは、眼筋の麻痺がある患者についても調べている。患者によって個人差はあるものの、多くの患者は、両眼を開いた状態で、麻痺した眼を動かそうとすると二重像が見えた。しかし、健常な眼を閉じて、麻痺のある眼だけで見た場合には、眼を動かそうとしても、外界の動きは感じられなかった。この時患者には、眼は動いていないという確かな感覚があった。頭を動かすと、それとは反対方向に周囲が動いて見えた。これらの眼筋麻痺の患者での知見は、ヘルムホルツが記載した症状とは異なる。しかし、浅い麻酔実験での観察結果は一致する。

コーンミュラーとジーベックの実験結果から、眼筋の麻酔による効果は、麻酔の深さによって大きく変わってくることが理解できる。それゆえ、さまざまな条件での比較が重要となる。スティヴンスらは、（1）クラーレによる麻痺、（2）サクシニルコリン投与による完全な麻痺状態、（3）眼球後部へのプロカイン注入による眼筋麻酔（球後ブロック）の三つの条件下で生じる視覚変容について調べた（Stevens et al., 1976）。

（1）少量（六ミリグラム）のクラーレ投与の状態では、眼を動かすことは可能だったが、被験者が眼を動かそうとすると、視覚世界は急激にジャンプして（あるいは急に見えなくなって）、眼を動かそうとした方向の別の位置に現れた。この視覚世界の動きは、「動いた（movement）」というよりは「位置が変わった（displacement）」と表現できるものであった。被験者の眼がゆっくりと漂うように動くようなことがあると（このような動きは「ドリフト（drift）」と呼ばれる）、見ているものがゆっくりとその反対方向に動いて見えた。手をすばやく伸ばしてものに触ろうとすると、眼を向けた方向に手が行き過ぎてしまった。

クラーレの量を増すと（一五ミリグラム以上）、相当に努力をしないと眼が動かせないように感じられた。しかも見ているものが消えていくのが体験された。

（2）完全麻痺の実験ではスティヴンス自身が被験者になり、図2・2に示したように、三〇度上半身を起こした状態でベッドに寝て行われた。視覚刺激はミラーを通して観察し、眼球運動はコンタクト・レンズに装着された小さな鏡からの反射光によって記録された。麻酔による危険を回避するため、血圧や心拍などが常時モニターされ、必要に応じて人工呼吸器が用いられた。この状態で眼を動かそうとすると、大変困難を感じた。見ているものが位置を変えるように見えたが、（1）の実験のようにジャンプして見えることはなかった。眼が完全に静止しているために、見ているものが消えていくことがあった。

（3）プロカインを用いた球後ブロックの実験にもスティヴンス自身が被験者となった。眼筋へプロカインが注入された直後は、眼を動かそうとすると、その方向に視覚世界がジャンプして移動するのが見えた。ドリフトが生じると、周りがその反対方向に動いて見えた。これは（1）の麻痺の軽い状態での体験と同じである。しかし、麻痺が強くなってくると、ものがジャンプするようには見えず、ただ移動する（displacement）ように見えた。ものをとろうとすると、手が目標を通りすぎてしまった。（2）の場合と異なり、視覚世界が消えていくことはなかったし、眼を動かそうとした際にかなりの努力を要するといった印象も持たなかった。スティヴンスの実験方法とその結果の要約を表2・1に示す。

三つの麻酔条件で結果が異なるのはなぜだろうか？　まず球後ブロック条件で視覚世界が消えなかったのは、頭や体をたびたび動かすことができたためである。次に、完全麻痺や深い球後ブロックでは、眼を動かそうとした際にものがジャンプするようには見えなかったが、これはこれらの条件では眼球運動の速度が落ち、像の動きがゆっくりとなったためと考えられる。スティヴンスによれば、眼球運動の速度が速いと見えの抑制（サッカー

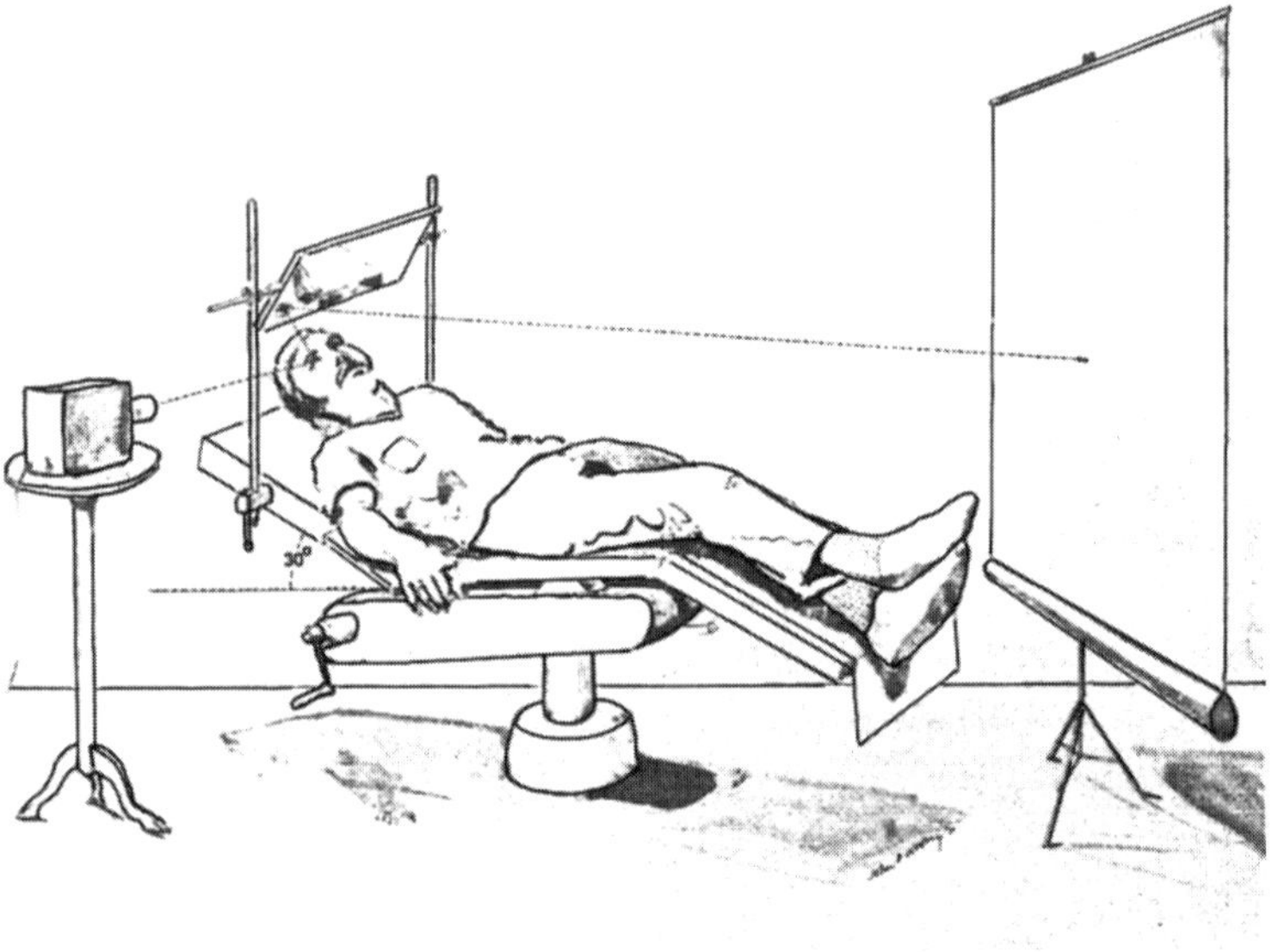

図2.2　スティヴンスの実験の様子
(Stevens et al., 1976, *Vision Research*, 16, 93-98.)

表2.1　スティヴンスの麻酔実験の方法とその結果の要約

実験条件			知覚					
	薬物	量(mg)	動き(movement)	移動(displacement)	ジャンプ(jumping)	手の行きすぎ(past pointing)	努力(effort)	視野の喪失(fading)
①少量投与	クラーレ	6-15	○	○	○	○		
少量投与	クラーレ	15-24	○	○	○	○	○	○
②完全麻痺	サクシニルコリン	60-160		○			○	○
③部分球後ブロック	プロカイン	40-100	○	○	○	○		
完全球後ブロック	プロカイン	40-100		○		○		

ド抑制、五章一節参照）が生じ、ジャンプするように見えたのだという。さらに球後ブロックの時だけ、眼を動かそうとする際にそれほど努力を要するようには感じられなかったのは、この条件ではそもそも自分の眼がどこを向いているのかわからないためであろうと述べている。

以上を踏まえてスティヴンスは、これらの実験で観察された視対象の移動（displacement）や手の行きすぎ（past pointing）は、網膜信号と運動信号（コロラリー・ディスチャージ）の統合を反映しており、視覚系はこれらの信号にもとづいて、網膜像の動きが自分の動き（眼球の動き）によって生じたのか、それとも外界に見えるものが動いたために生じたのかを区別しているのだろうと述べている。

第二節　眼球の受動的回転と運動感覚

流入説によれば、視線の方向すなわち眼球の位置に関する信号（眼球位置信号）は、眼筋の動きそのものから発せられる。もしそうならば、意図的に眼を動かした時だけでなく、外部から加えられる力によって眼球が動かされた時も、自分の眼の動きを知ることができるはずである。そこで、ブリンドレーとマートン（Brindlay & Merton, 1960）は鉗子を用いて人為的に眼筋（外直筋と内直筋　図2・3）を牽引して眼球を受動的に回転させ、それに伴う眼球の運動感覚の有無を調べた。

片方の眼は閉じて、もう一方の眼には不透明なキャップをかぶせて見えないようにしてから、その視覚的に遮蔽されたほうの眼を、右に述べた方法で、内側あるいは外側方向に約四〇度まで回転させたが、被験者は眼球が動かされた方向を判断できなかった。

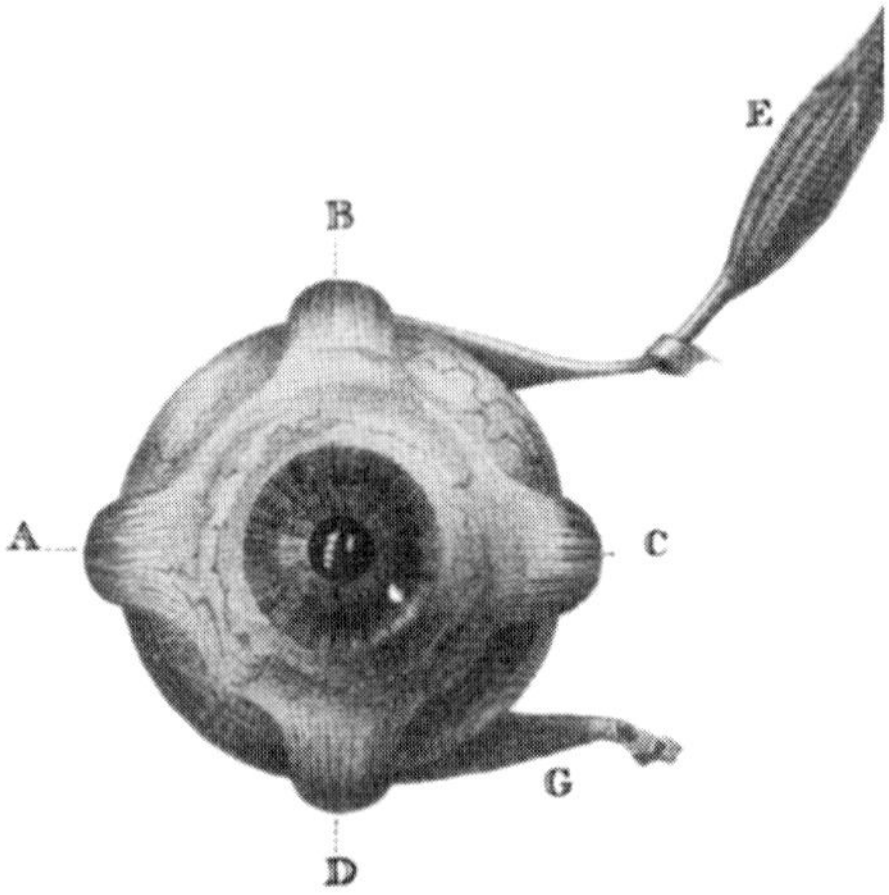

図2.3　ヒトの眼筋（右眼）
A：外直筋，B：上直筋，C：内直筋，
D：下直筋，E：上斜筋，G：下斜筋。
（Carpenter, 1988, *Movements of the eye*, 2nd ed., London: Pion, p. 157.）

また両眼にキャップをかぶせて見えないようにして、両眼を同時に左あるいは右に三〇度の大きさまで動かしたが、被験者はその動きに気づかなかった。さらに、両眼が見えないようにした上で、両眼をかん子で動かないように固定し、被験者に眼を動かすように求めた。この時、眼は五度以上動くことはなかったにもかかわらず、被験者は自分の眼が大きく動いたように感じた。

これらの実験結果は、ヒトの眼筋からは、その動きを伝える信号が出ていないことを示唆している。つまり流入説を否定するものである。さらに彼らは、両眼のキャップをはずして見える状態にして、両眼の動きをかん子で固定し、眼を動かすように求めた。すると、眼を動かそうとした方向に外部のものが動いて見えた。これは、マッハがパテ塊を用いて眼の動きを止めた時に観察された知覚現象と同じであり、眼球位置信号の流出説を支持する結果である。

なお眼筋について調べた研究ではないが、ゲルファンとカーター（Gelfan & Carter, 1967）は手術中に露出された手首の腱や筋肉をかん子で引っ張るなどして、患者がどのようにそれを知覚するかを調べた。腱を引っ張った時、指や手の収縮が生じ、被験者はそれを容易に知覚し、関節部の動きを正しく判断できた。しかし、引っ張る方向を変えて関節部の動きが伴わないようにした場合には、筋が伸びていることは知覚できず、痛みなどの感覚を体験するだけだった。この結果から彼らは、筋そのものの状態を意識させるような求心性の信号は脳には伝わっていないと結論している。

前述のように、ブリンドレーとマートンは、眼筋を鉗子で引っ張る実験から、流入説が主張するような眼筋からの信号は存在しないと結論した。しかし、別の方法で眼球を受動的に動かした実験では、これとは異なる結論が出されている。スカヴェンスキーは、被験者の右眼にレバーのついたコンタクトレンズを装着し、そのレバーを動かすことで、眼球を動かした（図2・4）（Skavenski, 1972）。この方法による眼球の動き（回転角度）は約七度から一四度の大きさであった。実験は暗い部屋の中で行われ、被験者は自分の眼が動かされたかどうか、その方向はどちらかを、はっきりしない場合も強制的に答えるように求められた（強制選択法）。その結果、被験者はかなりの程度まで正しく答えることができた。さらに被験者のまぶたに麻酔をかけて、眼窩の前部分からの機械的な手がかりが生じないようにした場合も、正しく答えることができた。この結果は、被験者が眼窩の奥、おそらく眼筋からの感覚情報を利用していることを示唆している。

スカヴェンスキーの別の実験では、被験者はまず視野内のさまざまな位置に提示されたターゲット（視標）を一〇秒間注視した。そのあとターゲットは消され、コンタクトレンズのレバーを動かして眼球が右側あるいは左側に動かされた。眼球が動かされない試行も挿入された。最後にレバーの力は徐々に取り除かれ、被験者は以前にターゲットが見えた位置に視線を戻すように求められた。すると被験者は、暗室内のためにまったく視覚的手がかりがないにもかかわらず、以前に見えたターゲットの方向に正しく眼を向けることができた。この実験では被験者の眼はレバーを通して受動的に動かされているから、遠心性の眼球位置信号は存在しない。それゆえこの結果は、求心性の眼球位置信号が末梢部、すなわち眼筋から出ており、それを使って被験者は眼が向いている方

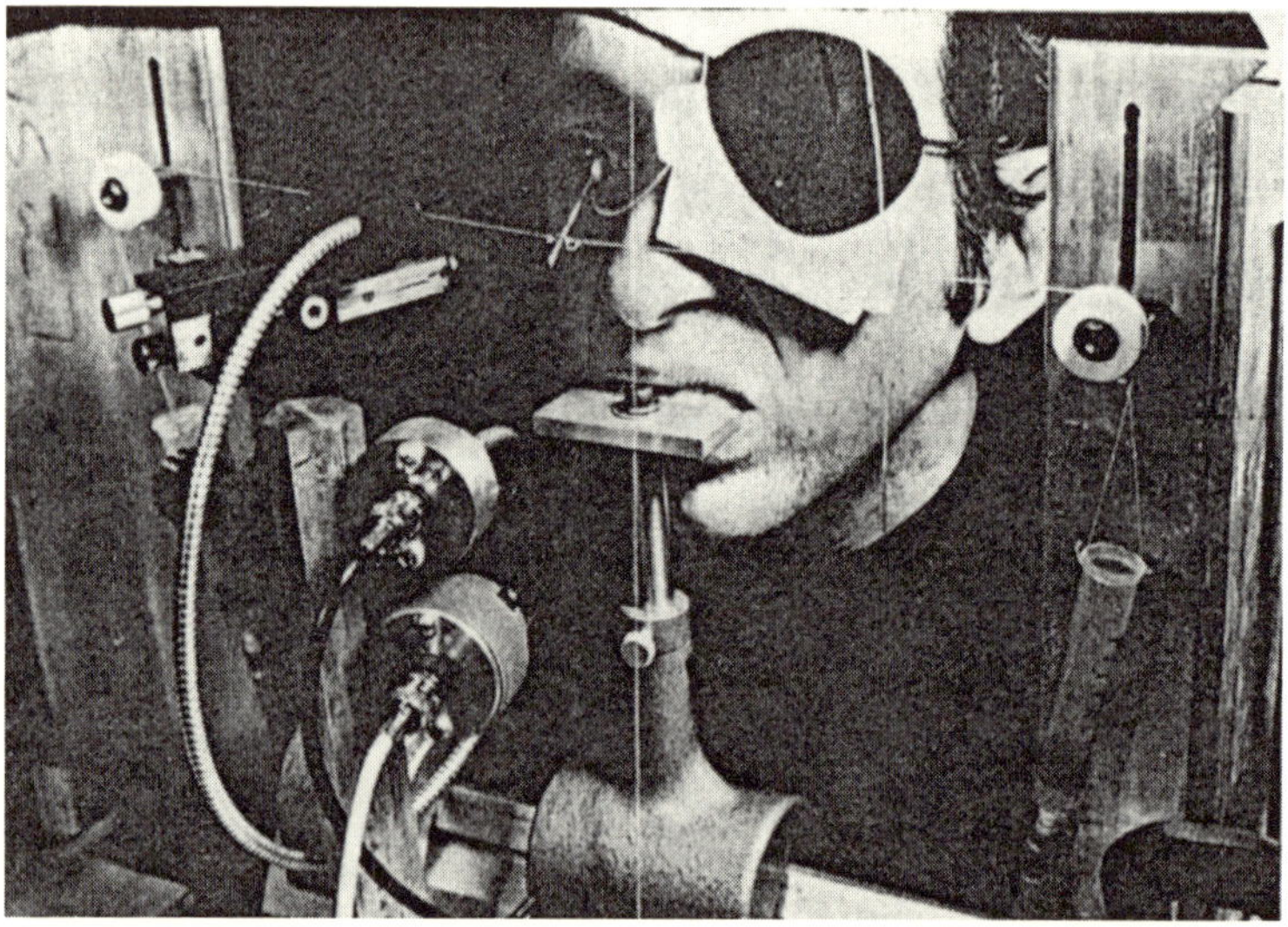

図2.4　右眼に装着されたコンタクレンズについたレバーを２つのプーリーに渡された糸で左右に引っ張ることで，眼球を受動的に動かした。左眼にはカバーがかけられた。右眼の動きは，手前に置かれた赤外線を利用した装置によってモニターされた。
(Skavenski, 1972, *Vision Research*, 12, 221-229.)

向を知ることができたことを示している。

このように、スカヴェンスキーの研究では、先のブリンドレーとマートンの研究とは反対の結果が得られたのであるが、どちらが正しいのだろうか？　この点についてスカヴェンスキーは、眼球の位置に関する感覚は大変微妙な感覚であるために、ブリンドレーとマートンが用いた鉗子で眼筋を引っ張るという乱暴な方法では、それを検出できなかった可能性があること、スカヴェンスキーが用いた強制選択法は、被験者の感覚判断を探る鋭敏な方法である上、被験者がこの種の実験に習熟した研究者であったことをあげている。

第三節　パテ実験

すでに述べたように、マッハは、眼筋麻痺患者で体験される異常な視覚体験を、パテを使ってシミュレートした（第一章第三節二）。彼は自分の眼をできるだけ左に向けておいて、眼球の右側にパテ塊を押し付けた。こうしておいて急に右を見ようとすると、眼球はうまく右に向けられず、また外にあるものが過度に右に振れて見えることを見出した。この実験結果は、眼球を意図的に動かそうとしたが（それゆえ、遠心性の眼球位置信号は発せられたが）、パテによって眼球は動かなかった（それゆえ、網膜像の変化はなかった）ために、眼球位置信号と網膜信号との対応がなく、この不一致の分だけ視覚世界が動いて見えたと解釈され、眼球位置信号の流出説を支持する証拠とみなされた。

これと類似の実験はその後も試みられており、流出説に有利な証拠を提示している（Stark & Bridgeman, 1983; Bridgeman & Stark, 1991）。ブリッジマンとスタークは、被験者の一方の眼を外から押して動かないようにして、その眼でターゲットを定位させた。もう一方の眼は、視覚的に遮蔽されたが固定はされなかった。被験者が固定されて動かない眼でターゲットの方向を見ようとすると、その眼は実際には動かないが、動かそうと意図した分の眼球位置信号が遠心性に発せられると考えられる。この時、眼球運動の指令は両眼に送られるので、遮蔽された側の眼は動く。その場合、もし眼筋の固有受容器[1]から求心性の信号が出ているとすれば、固定された眼からの信号は出ていないので、その量は両眼からの信号の量を平均したもの、すなわち、遮蔽された眼の動きの半分の量になると予測される（図2・5）。

ターゲットは二度間隔で五つの位置に提示され、被験者はその位置を知覚的なマッチングと指差し反応の二種類の方法で定位した。その結果、この条件では眼を動かそうとした方向にターゲットがずれて見え、その位置は対照条件（両眼が自由に動く条件）で定位された位置と明らかに差があった。ただし、その差は求心性および遠心性信号の両方を仮定した相殺説から予測される量の約六〇%であった。

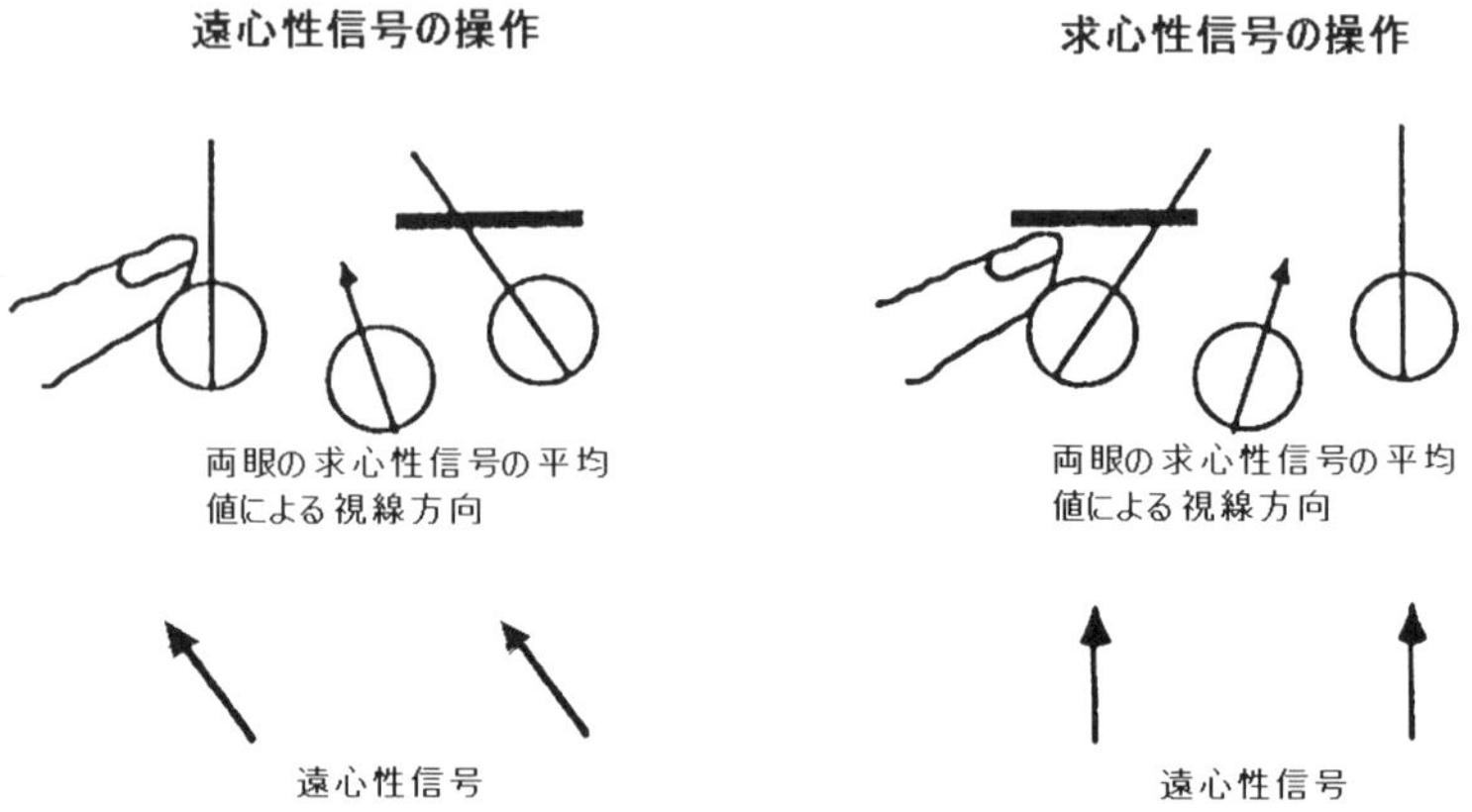

図2.5　左：片方の眼は指で押さえられていて動かない。自由に動くほうの眼は遮蔽する。指で押さえられた眼で周辺にあるターゲットを見る時，眼筋からの信号は両眼の平均値となるが，遠心性の信号は意図した眼の大きさだけ発せられる。右：視覚的に遮蔽されたほうの眼を指で押しつつ，遮蔽されない側の眼でターゲットを見て定位する。この時，遮蔽された眼の眼筋からの信号は押された分だけ変化する。両眼ではその半分（両眼の平均）になる。
(Bridgeman & Stark, 1991, *Vision Research*, 31, 1903-1913.)

同じ報告の中で彼らは、求心性の固有受容感覚だけが有効となる実験についても報告している。この実験では、右の実験とは反対に、視覚的に遮蔽されたほうの眼を指で押しつつ、遮蔽されない側の眼でターゲットを見て定位した。この条件では、指で押された眼は視覚的に遮蔽されていたので、押された分だけ動く。遠心性の眼球位置信号は対照条件と変わりないが、求心性の固有受容感覚信号は変化し、両眼を平均すれば、押されて動いた分の半分の量と考えられる。この条件で定位されたターゲットの位置は、対照条件のそれとほとんど差がなかった。ブリッジマンらは、これらの実験結果を総合して、遠心性の眼球位置信号のゲインは〇・六一、求心性の固有受容感覚からの信号のゲインは〇・二六と計算している。これらの二つの数値を加算しても一にはならないが、これは、被験者が一般に正中線からの眼球の回転の大きさを過小評価することを示している。

第四節　眼球の受動的回転と視覚定位

眼球を指で押して受動的に回転させた実験については、すでに前節で紹介した（Bridgeman & Stark, 1991)。ここではさらに洗練された方法による研究を紹介する。

ゴウシャーらは、健常被験者の眼に特殊なコンタクトレンズを装着し、そのコンタクトレンズについたレバーを動かして眼球を回転させることで、人工的な斜視を作り出した（Gauthier, Nommay, & Vercher, 1990)。この状態で斜視にされた眼にはカバーをかけ、暗中に提示されたターゲット（右あるいは左一一度の位置）を正常なほうの眼で観察しながら、その位置に対して指差し反応を求めた（図2・6）。その結果、眼球の回転が大きくなると（たとえば三〇度）、その方向への定位のエラーが生じたが、その大きさは、眼球の人工的な回転の大きさの一六％程度にすぎなかった。眼球の回転が一〇度以下であれば、エラーは生じないよう

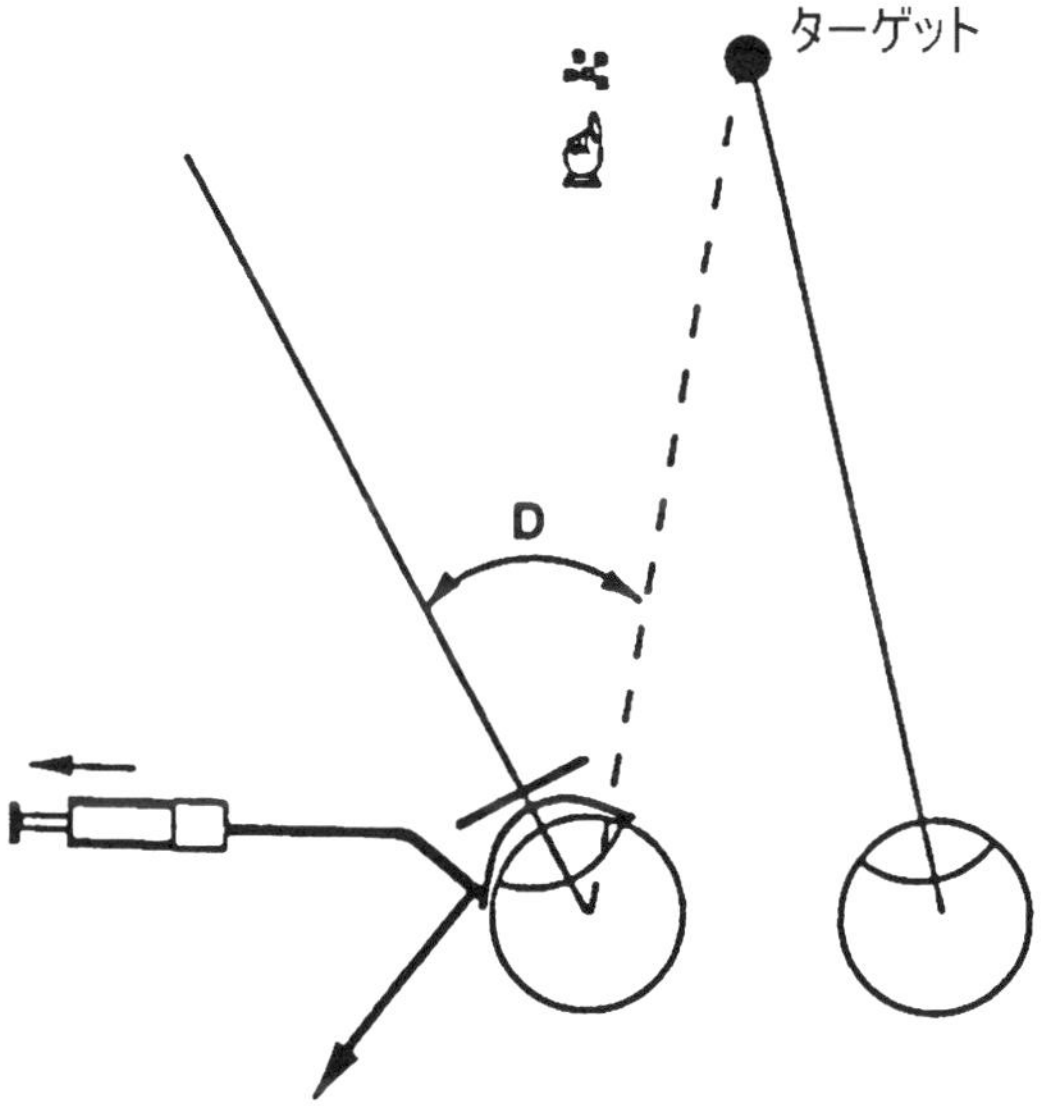

図2.6　遮蔽した側の眼に装着されたコンタクトレンズを動かして，人工的な斜視状態を作る。ターゲットの定位位置は，眼の回転方向にずれる。
(Gauthier, Nowway, & Vercher, 1990, *Science*, 249, 58-61.)

であった。同様の結果は、指差し反応の代わりに、プローブ刺激を真正面に移動させる課題でも示された。この結果は、求心性の信号（流入説）と遠心性の信号（流出説）の両方の信号が使われていること、しかし、相対的に遠心性の信号のほうが優位であることを示唆している。

特殊な患者を対象とした研究も報告されている。ルイスとジーは、先天的に三叉神経と動眼神経の異常な協同作用を示す一八歳の女性患者の定位行動を調べた（Lewis & Zee, 1993）。この患者は左側の外側翼突筋（lateral pterygoid）の収縮によって、左眼の内直筋の異常な活性化を示した。暗室内に提示された光点を健常な右眼で観察させ、左眼を遮蔽した状態で、頭部を静止したまま、あごを右側にずらすように求めると、患者の左眼は（右側に）内転した。この時、光点の位置を右手で指差しさせると、実際の光点の位置の左側を指差した。このことは、光点の位置判断において、内転した左側の眼からの固有受容感覚が部分的に使われていることを示唆している。

この研究では、定位位置は左眼の回転によってその回転方向とは反対側に移動した。この結果は右に述べたゴウシャーらの結果（定位位置は眼の受動的回転と同じ方向にずれた）と異なる。この違いについて、ルイスらは、受動的回転と眼筋の活性化にともなう筋の収縮の違いによるものだろうと述べている。そして、この場合の固有受容感覚は、筋紡錘よりは、ゴルジ腱器官によって伝えられているのだろうと推測している。

第五節　斜視患者の定位――矯正手術の効果

生まれて間もない時期における視覚経験は、その後の視覚行動に大きな影響を及ぼすことが知られている。たとえば、子ネコの片眼にだけ特定の場面の視覚経験を与えると、その場面に対する適切な視覚行動はその眼を使った時だけ可能になる（Hein & Diamond, 1971）。同じことは、ヒトの斜視の場合も生じることが知られている。一方の眼が斜視になると、両眼の視線が一致せず、患者は二重像を見る。しかし、発達の初期に斜視になると、斜視の眼の見えは抑制され、健常な眼で見た視覚世界だけが体験される。また、患者によっては両眼の見えが交互に抑制される。

マンらは、四歳以前に斜視になった患者を対象に、単眼視での空間定位能力（視空間内の位置を判断する能力）を測定した（Mann, Hein, & Diamond, 1979）。患者に与えられた課題は、視野内のさまざまな位置に提示された光点を単眼で見ながら、その位置を指差すことであった。その際、患者の手は視覚的に遮蔽されていて、患者は自分の手を見ることができなかった。斜視の眼の見えがいつも抑制されているタイプの患者では、健常な眼を遮蔽して斜視の眼で光点を見ながら指差しすると、大きなエラーが示された。そのエラーの方向は、患者が光点の位置を健常な眼の位置にもとづいて判断していることを示していた。一方、両眼の見えが交替するタイプの患者では、斜視の眼で見た時と、健常な眼で見た時の定位成績にあまり差がなかった。

マンらの解釈によれば、この実験結果は視覚経験によって空間表象に違いがあることを示唆している。すなわち、両眼の見えが交替するタイプの患者では、それぞれの眼がそれぞれに独立した空間表象をもっているが、斜視の見えが完全に抑制されているタイプの患者では、斜視の眼で見た場合も健常な眼で見た場合も、もっぱら健常な眼で獲得された空間表象にもとづいて、視覚世界を定位していることを示唆している。

このような斜視の患者が外科的な矯正手術を受けた後の空間定位能力を調べることによって、眼球位置信号の発生場所を検討しようとした研究がある。シュタインバッハとスミスは、眼筋の手術によって斜視を矯正した直後の患者の空間定位能力を調べた（Steinbach & Smith, 1981）。手術後七時間から四八時間経った時点で、患者は眼帯をはずされ、正面および左右一〇度の位置に置かれた光点に対する指差し反応を求められた。検査は暗室内で行われたので、患者には自分の手は見えなかった。

流出説にしたがえば、初めて手術を受けた患者の場合、脳は手術によって眼球が回転させられたことを知らされていないので（すなわち、手術で回転された眼での視覚経験がないので）、斜視を矯正された眼で光点を見て指差し反応をした時には大きなエラーが示されるはずである。ところが実際のエラーの大きさは、予測されたエラーの大きさの二五％程度であった。このことは、患者の動眼系は、視覚経験を与えられる前から、手術による眼球の回転の大きさについての情報を得ていたことを示している。つまり、眼球位置信号は、視覚経験に依存しない、眼筋からの固有受容感覚（筋肉の状態を知らせる感覚）から得られていることになる。

一方、手術を何回か繰り返した患者グループでは、手術を受けた眼を用いた指差し反応で大きなエラーが認められた。この結果は流出説に合う。しかし、シュタインバッハらによれば、求心性の信号は眼筋の腱からもたらされるものであり、繰り返して手術を受けたことによってこの部位に瘢痕が生じ、そのために有効な情報を得ることができず、結果的に大きなエラーが生じた可能性があるとされた。

シュタインバッハとスミスの研究は、眼球位置信号の流入説に有利な証拠を提出した。しかしその一方で、流出説を支持する研究も報告されている。ボックとコマーレルは、一四名の斜視患者の矯正手術の前と後での視覚定位の成績を比較した（Bock & Kommerell, 1986）。課題は、左右それぞれ二〇度までの範囲の九つの位置に提示された光点の位置を指差すことであった。特殊なゴーグルを用いることで、患者には光点しか見えないようにされた。まず術前に各眼での定位課題を行った。手術後は、手術された眼をパッチで覆い、二〇時間後にテストが開始されるまで視覚経験が与えられなかった。その結果、手術を受けた眼による術後の定位では、大きな定位のエラーが示され、そのエラーの大きさは、手術による眼球の回転角度にほぼ等しかった。手術を受けなかった眼での定位は、手術の前後でほとんど変化しなかった。流出説に従えば、脳は手術による眼球の回転を考慮せずに、意図した眼球運動の大きさにもとづいて光点の位置を判断するために、眼球の回転に見合った大きさのエラーをもたらすことになる。ゆえに、この研究で報告された結果は、流出説を支持している。なお、手術によって引き起こされたこのような定位のエラーは、両眼視による視覚体験が数時間なされた後も認められ、完全に解消するには数日を要した。

斜視の矯正後における定位の変化について、シュタインバッハらは最近の研究においても流入説を支持するデータを発表している（Dengis, Steinbach, & Kraft, 1998）。彼らは斜視を手術で矯正するのではなく、薬学的な処置を適用した。ボツリヌス毒素を眼筋に注入すると筋が無力化する。それゆえ、その筋と拮抗する筋の作用で、眼位が変化する。彼らはこの方法によって斜視眼を矯正し、その効果を二つの実験で検討した。最初の実験は、斜視矯正直後の短期的な効果を調べたものであり、患者は処置された眼でターゲットを観察し、視覚的に遮蔽された手で指差しをすることでその位置を定位した。処置後四五分にわたって調べられた定位成績は、健常者の成績と差がなかった。この結果は、遠心性の眼球位置信号にもとづいて定位したことを意味している。二番目の実験では、処置後三週間にわたって、処置された眼で観察したターゲットに対する指差し反応と、視覚的に遮蔽された健常眼の位置（視線方向）が記録された。もしターゲットの定位が完全に遠心性の眼球位置信号にもとづいてなされるとすれば、遮蔽された眼の視線方向と、患者が指差した方向（ターゲットの見かけの位置）は一致するはずである。（なぜなら、ターゲットは矯正されたほうの眼の中心窩にあり、かつ脳はこの眼が眼球位置信号の大きさだけ回転している、すなわち、遮蔽された健常眼と同じ方向を向いているだろうと考えられるからである。）一方、もしわずかでも固有受容感覚が関与しているとすれば、図2・7に示すように、ターゲットは実際の位置と、健常眼の視線方向との中間位置に定位されると考えられる。なぜなら左眼の視線方向は、遠心性の眼球位置信号の示す視線方向（遮蔽された眼の視線方向）ではなく、左眼の眼筋の状態（実際の視線方向）によって判断されると考えら

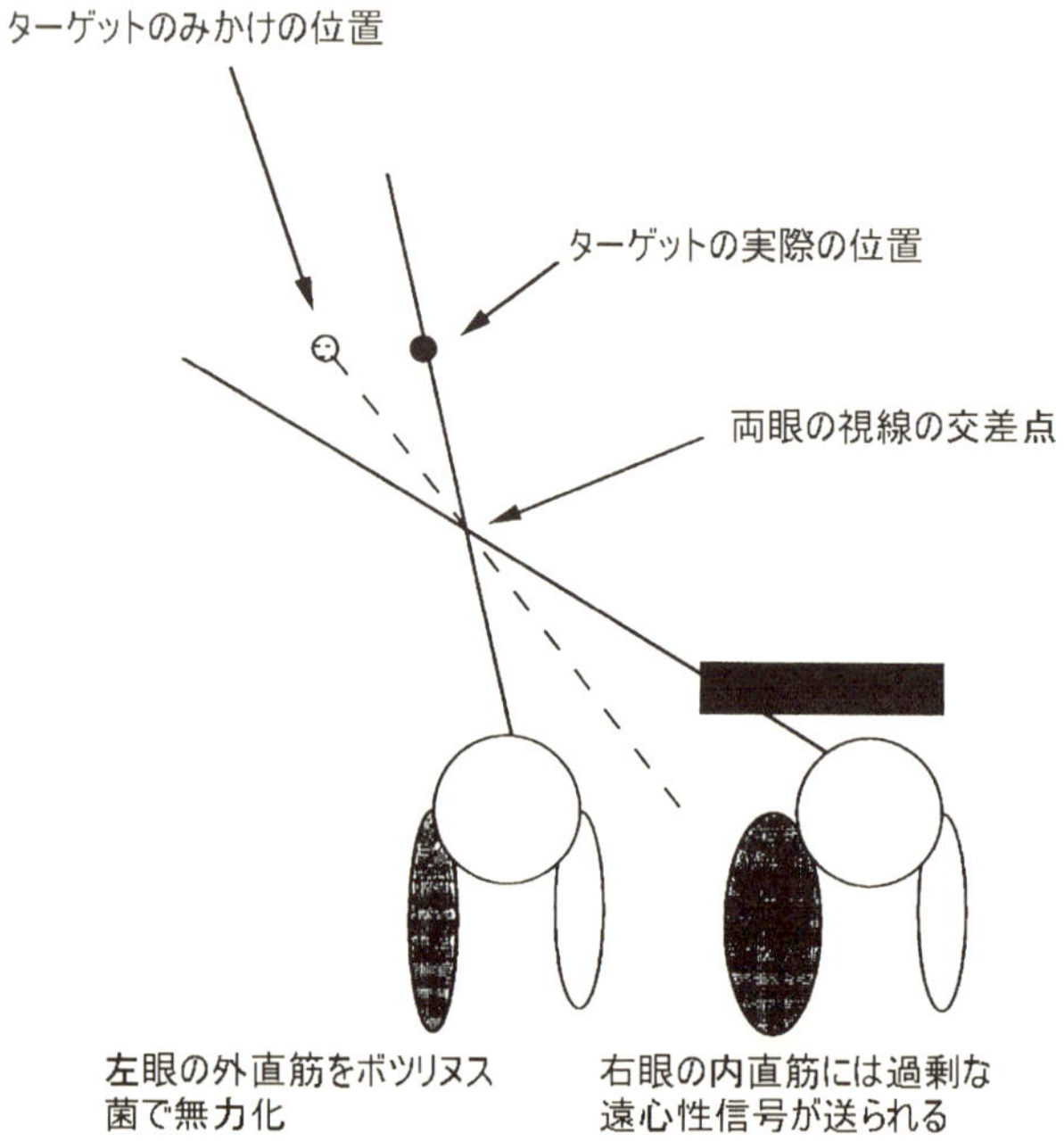

図2.7 左眼の外直筋にボツリヌス毒素を注入して無力化する。その眼で左視野にあるターゲットを注視させ，健常な右眼にはカバーをかけてターゲットが見えないようにする。右眼の視線方向は遠心性の眼球位置信号にもとづくが，この信号は無力化された左眼の眼筋を動かそうとするために，過剰な大きさとなる。このため，右眼はターゲットの位置を越えた位置に向けられることになる。もし図にあるように，左眼の視線方向が眼筋の状態（実際の視線方向）によって判断されるならば，ターゲットの視覚的な位置は両眼の視線方向の中間になると予想される。
（Dengis, Steinbach, & Kraft, 1998, *Experimental Brain Research*, 119, 475-482.）

れるからである。実験結果は後者の予測を支持するものであった。したがってこの研究結果は、斜視を矯正してからある程度時間が経つと、視覚系は遠心性の眼球位置信号ではなく、眼筋からの固有受容感覚にもとづいて視覚世界を定位していることを示唆している。

第六節　動物における人為的な斜視の形成

次に人為的に斜視を形成した動物実験について紹介する。オルソンは、ネコの眼の内直筋を切断して、正常な位置からこめかみ側に回転した位置にした（Olson, 1980）。手術直後、手術によって斜視にされた眼にまったく視覚経験が与えられない時期に（術後数時間）、ネコは前方に置かれたプラットフォームに飛び移る課題を与えられた（図2・8）。手術した眼だけを用いてジャンプした場合、ネコの着地位置は目標位置よりも大きくずれた。この結果はネコが手術によって眼の位置を変えられたことに気づいていないと仮定するとうまく説明できた。たとえば右眼の内直筋を切断した場合、その眼は正常な位置から外側（右側）に回転する。そのため、その眼で見た時、もしネコが眼の位置の変化に気づいていないとすれば、目標の位置は実際の位置よりも左側にあると判断されることになる。一方、手術し

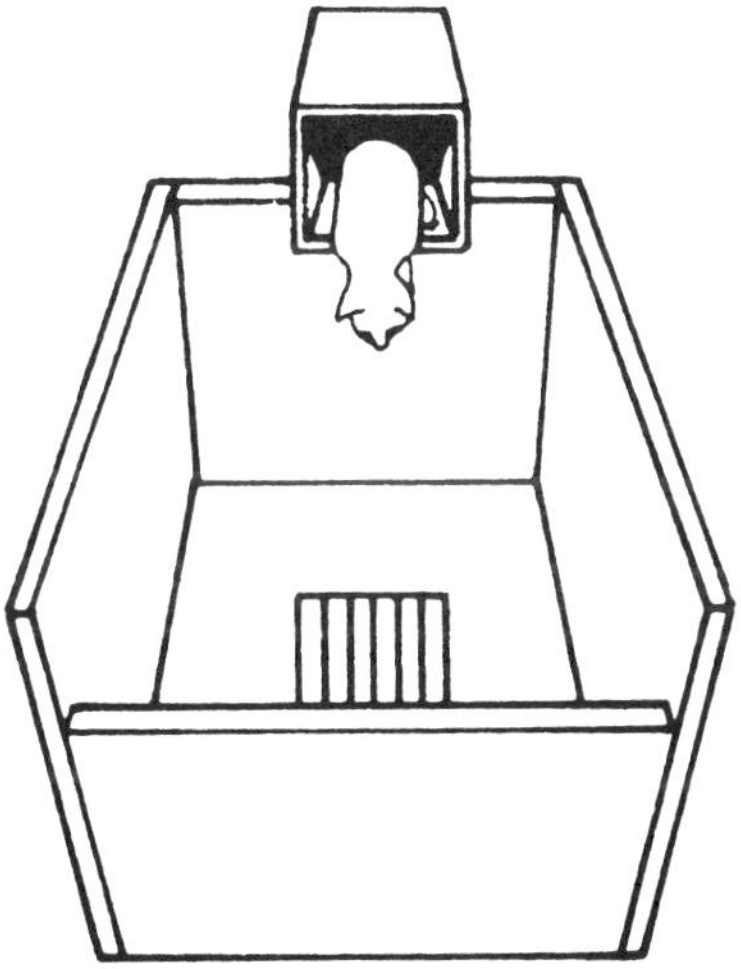

図2.8　プラットフォームへの跳躍課題
（Olson, 1980, *Journal of Neurophysiology*, 43, 792-806.）

た右眼の残された眼筋から、眼の位置について正しい情報がもたらされていたなら、ネコはプラットフォームの位置を正しく判断したはずである。このため、この実験結果は、流入説には不利な証拠であり、流出説を支持すると考えられた。

なお、オルソンの研究でも、ネコのジャンプ行動はしだいに修正されていくのが認められた。手術直後の最初の試行では多くのネコが、プラットフォームからはずれるほどのエラーを示したが、やがてジャンプ中に体の向きを変えてプラットフォームに着地するようになった。その修正が完了するまでの期間はネコの発達段階に依存していた。若いネコでは二週間ほどの視覚体験で修正されたが、生後四か月以上のネコでは、さらに長い期間を必要とした。

第七節　眼神経の切断あるいは障害による求心経路の遮断

第五脳神経（三叉神経）に含まれる眼神経（ophthalmic nerve）には固有受容感覚の神経があり、この部位を切断すると眼筋からの求心性信号は遮断されると考えられる。このような処置を施したネコの眼球運動を観察した研究によれば、明室では眼は正常な動きを示したが、暗室内では振り子状の異常な動きが観察された（Fiorentini & Maffei, 1977）。暗室内でネコの頭部や体を正弦波状に揺り動かすと、普通なら観察されるはずの正常な前庭性眼振[2]が見られなくなった。このような眼球運動の異常は、眼神経分肢の切断によって眼筋からの固有受容感覚が遮断され、眼球の位置の保持に必要なフィードバック信号がなくなったためと解釈された。

第五脳神経の眼神経の切断は、眼球運動の異常だけでなく、ネコの視覚行動にも顕著な影響を及ぼした（Fiorentini, Berardi, & Maffei, 1982)。ネコに与えられた課題は、プラットフォームに飛び移ることであった。眼神経の切断が片方の眼だけの場合、その眼のみを用いて、その反対側の視野にあるプラットフォームにジャンプする際には、その眼と同じ方向へずれた位置にジャンプするようになった。両眼の眼神経を切断されたネコでは、ジャンプ位置の偏りは見られなかったが、ばらつきが大きくなり、全般的に不正確になった。これらの結果はいずれも、視覚行動における眼筋からの固有受容感覚の重要性を示している。

同様の結果は、ネコに奥行きの異なる二つの着地板のどちらかに飛び移る弁別課題を与えた実験でも示された(Fiorentini, Maffei, Cenni, & Tacchi, 1985)。この研究でも、眼神経を切断されたネコは二つの着地位置の奥行きの差を弁別することが難しくなった。これは、固有受容感覚の欠如のために、両眼のバーゼンス眼球運動(3)を正しく行えなくなったためと説明された。

眼神経を切断したサルの眼球運動を分析した研究では、遠心説(流出説)を支持するデータが多い。ガスリーらは、サルを被験体として、上丘に電気刺激を加えることで眼球の位置を人為的に変化させ、視覚刺激に対する直後のサッカード眼球運動(4)が正しく視覚刺激に向かうかどうかを調べた(Guthrie, Porter, & Sparks 1983)。もし視覚刺激に向かって正しくサッカードが行われれば、動眼系は電気刺激によってもたらされた眼球位置の変化を、なんらかの(非視覚的な)情報にもとづいて知っており、その位置の変化を考慮して視覚刺激の位置を判断したことを意味する。サルは視覚刺激に向けてサッカードを行う訓練をしたあと、両眼の眼神経が切断され、上丘への電気刺激処置をともなったサッカード課題が与えられた。その結果、サルのサッカードは、上丘への電気刺激によって強制的に動かされたあと、正しく視覚刺激の位置に向かうことが示された(図2・9)。このことは、動眼系があらかじめ電気刺激によって生じた眼球位置の変化を知っていたことを意味している。その手がかりは、

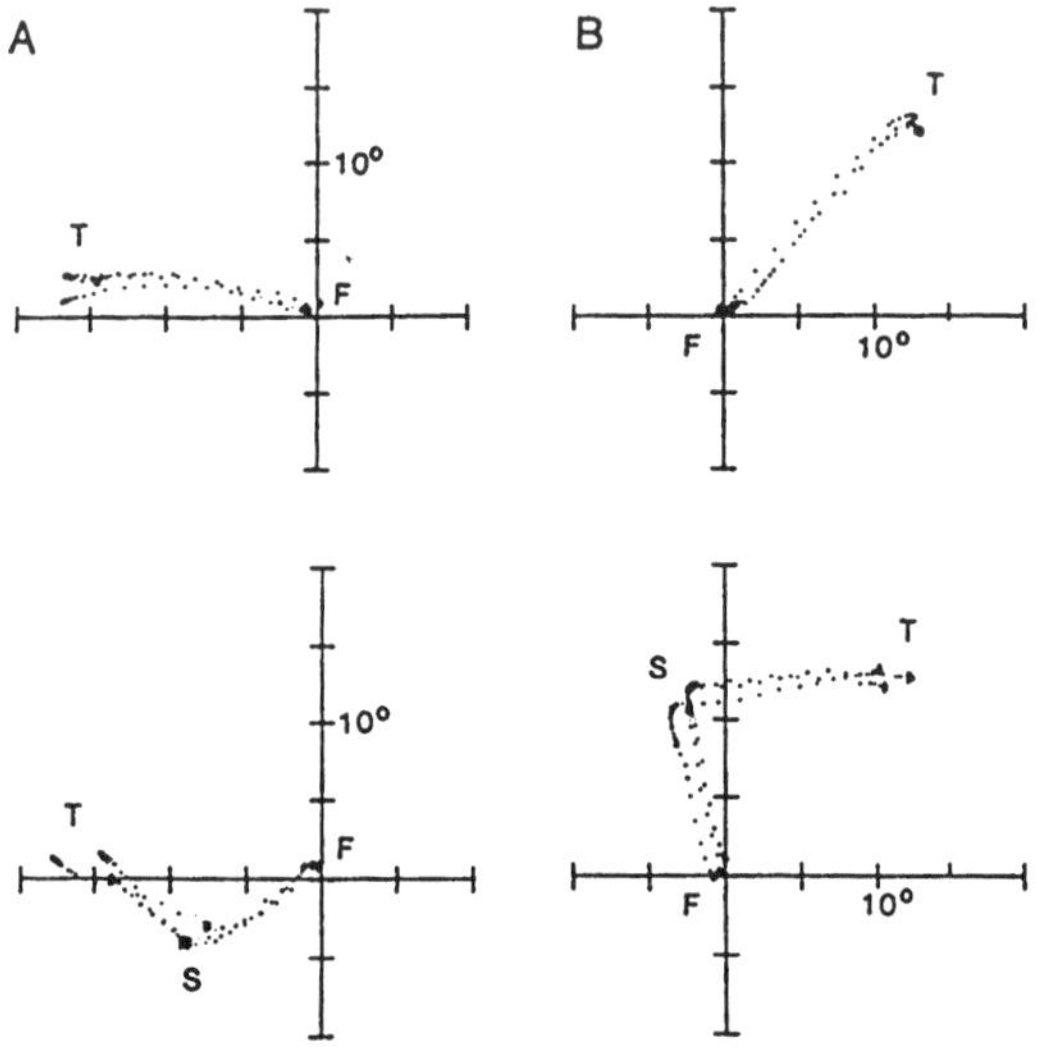

図2.9　A，Bは両眼の眼神経を切断されたネコにおいて，上丘の異なる部位を電気刺激された時の眼球運動を示す。上の図は視覚刺激だけが提示された時の眼球運動であり，注視点（F）から視覚刺激（T）の位置にサッカードが生じていることを示す。下の図はサッカード開始直前に上丘に電気刺激が与えられた時の眼の動きであり，まず電気刺激によって，眼はSの位置に動いたが，その直後に視覚刺激の位置（T）に正しく向かったことを示す。
(Guthrie, Porter, & Sparks, 1983, *Science*, 221, 1193-1195.)

眼神経が切断されていたのだから、眼筋からの固有受容感覚ではなく、おそらく動眼中枢からの遠心性の眼球位置信号であろうと推測される。

最後にこの領域における最近の研究状況について簡単に述べる。ルイスらも、サルを被験体として、三叉神経に含まれる眼神経分肢の片側あるいは両側性の切断が視覚行動にどのように影響するかを検討している（Lewis, Gaymard, & Tamargo, 1998）。サルに与えられた課題は、暗中で提示された光点を指差すことであったが、その成績は、手術の前後で変化がなかった。彼らはさらに、同様の手術が、サッカード直後に見られる眼球位置の変動（ドリフト）や、各種の眼球運動（サッカード、追跡眼球運動、前庭動眼反射）に及ぼす影響について調べているが、手術の前後でそれほど顕著な効果は認められなかった（Lewis, Zee, Goldstein, & Guthrie, 1999; Lewis, Zee, Hayman, & Tamargo, 2001）。これらのことからルイスらは、眼球運動の動的な側面はもっぱら遠心性の眼球位置信号にもとづいて決定され、眼筋からの固有受容感覚はあまり関与していないと述べている。

さらに、固有受容感覚がなんらかの役割を果たしているとすれば、それは発達の過程において、あるいは眼球運動の正常な遂行がなんらかの原因で支障をきたした時に、遠心性の眼球位置信号と固有受容感覚によってとらえられた実際の眼球の動きとの差を伝えることで、眼球位置信号を較正することにあるのではないかと推測している。

右に述べた動物実験では、眼神経が手術によって切断されたが、ヒトを対象とした類似の研究では、三叉神経の眼神経部位が帯状疱疹（herpes zoster）のウイルスによって冒された患者の視覚定位能力を調べた研究がある（Campos, Chiesi, & Deng, 1986）。患者は暗室において単眼条件で、視野中央から左右二〇度あるいは四〇度の位置に提示された光点を（見えない手で）指差すことを求められた。健常な眼で光点を見て指差しを行った時は正しく反応できたが、疾患のある眼で見ながら指差し反応を行うと光点を正しく定位できなかった。だが、病状が改善したあとでの再テストでは正しく定位できた。ウイルスに冒された眼神経は完全に回復することはない。このため、再テストの段階で示された正しい定位反応は、患者が疾患によって生じた状態に順応したことを示していると考えられる。いずれにしてもこの研究は、眼筋からの固有受容感覚が視覚定位において重要な役割を果たしていることを示唆している。

以上のように脳神経の切断などによる求心性経路遮断の実験結果は、必ずしも一致していない。遠心性の眼球位置信号の重要性を示す研究もあれば、固有受容感覚が視覚定位において少なからぬ役割を果たしているとする研究もある。

第三章　眼球位置信号の神経学的基盤

脳は心の働きや身体の運動をコントロールしている。それゆえ、眼球位置信号の発生場所が動眼中枢レベルであれ眼筋レベルであれ、その信号を受け取って、眼窩内での眼球の位置、すなわち視線方向を判断している神経構造が、脳内のどこかに存在するはずである。おそらくその部位にあるニューロンは、眼球の位置をなんらかの形で符号化しているのだろう。このような考えにもとづいて、多くの研究者たちが、さまざまな実験方略を用いて、眼球の位置変化に対応して特異な反応を示すニューロンを見つけ出そうとした。

第一節　眼窩内の固有受容感覚に関する見解

眼球位置信号に関する流入説によれば、眼窩内における眼球の位置、すなわち視線方向を知らせる信号は、眼筋から発せられるとされる。しかし、実際そのような求心性の信号を伝えるしくみが眼筋の中に存在するのだろうか？

ヒトも含めて多くの動物の眼筋の中に筋紡錘が存在することが報告されている。筋紡錘は、骨格筋の伸張反射を媒介する末梢の感覚器官であるとする考えがある。霊長類以外の動物では、眼筋からの求心性の経路が存在し、これによって筋伸張によってもたらされた反応を、より中枢レベルの脳神経に伝えていることも示唆されている。しかし、サルやヒトでそのような機能的経路が存在することは確認されていない。

ケラーとロビンソンは、無麻酔状態のサルの一方の眼球に特殊なコンタクトレンズを装着し、これを機械的に動かして、外直筋を支配する外転神経核にある単一ニューロン（abducens neurons）の電気活動を記録した（Keller & Robinson, 1971）。もう一方の眼は固視状態に保たれていた。眼球の回転の大きさは八度〜二五度の大きさであったが、外転神経核ニューロンの活動になんらの変化も見出せなかった。この結果から彼らは、サルの眼筋には伸張反射が存在しないと結論した。さらに、視覚的な手がかりがない限り、眼球の位置は外転神経核ニューロンの活動にまったく影響を与えず、眼球の位置は遠心性の信号によってコントロールされており、眼筋および眼球周辺の感覚受容器からの信号はサッカードのコントロールに関与していないと論じている。

このような見解は今日も続いている。ラスケルは、ヒトの眼筋内に存在すると考えられるいくつかの固有受容感覚器について、それらが眼球の位置を知らせる求心性の信号を発する解剖学的組織であるかどうかについて、詳細に論じている（Ruskel, 1999）。彼によれば、そのような役割が期待できる器官として、筋紡錘（muscle spindle）、脊髄神経終末（spinal nerve endings）、ゴルジ腱器官（Golgi tendon organs）、パリセイド終末（あるいは柵状終末 palisade endings）などが考えられる。この中で、ゴルジ腱器官は、筋の収縮と伸張に対し選択的に反応するために、眼筋の状態を検出する部位として有力視されてきた。しかし、ヒトにおいては、それに似た構造の部位は認められるものの、明確にゴルジ腱器官として認められるものは発見できないという。そこで、パリセイド終末が眼筋内の固有受容器として機能している可能性が出てくるが、これに関しても、その筋内での分布の点などから、眼球位置信号を発することのできる固有受容感覚器官としては考えにくいとしている。

第二節　眼筋の伸張による脳細胞の反応

前節で述べたように、少なくとも解剖学的には、眼球位置信号が眼筋から生じている可能性は少ないと考えられるが、実際に眼筋そのものを外部から力を加えて伸張させた時、脳の各部位ではどのような反応が生じるのだろうか？　この点を検討した研究は比較的古くから行われており、求心性の信号が眼筋から小脳や上丘（superior colliculus）に伝えられていることが報告されている。

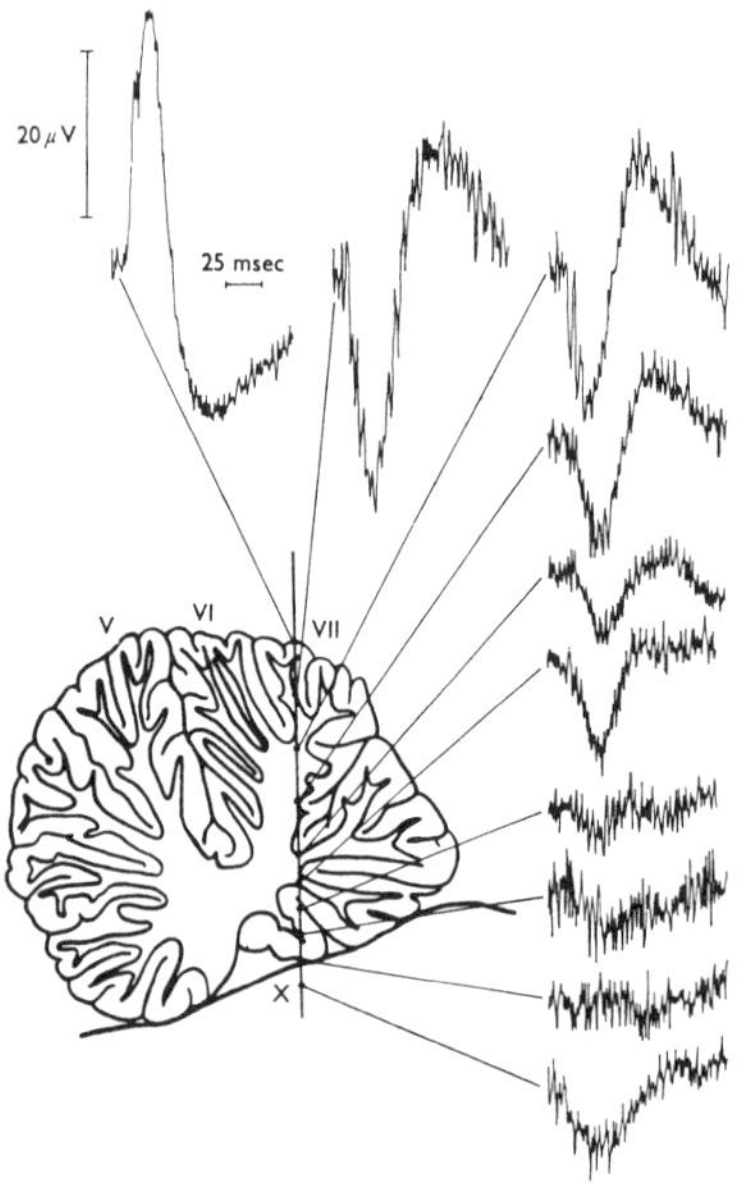

図3.1　眼筋の伸張によって引き起こされた小脳のさまざまな部位からの電気的反応
（Fuchs & Kornhuber, 1969, *Journal of Physiology*, 200, 713-722.）

一　小　脳

フックスとコーンフーバーは、ネコの眼球の眼筋と鞏膜の接合部分に糸を結びつけ、これを引っ張ることで眼球を回転させる条件、および眼球を摘出した状態で眼筋を牽引する条件で、眼球の伸張に対する小脳虫部（vermian portion）の電気的な反応を調べた（Fuchs & Kornhuber, 1969）。その結果、いずれの条件でも、小脳虫部の表面および深部より、潜時四～五ミリ秒の誘発電位が記録された（図3・1）。

なおベイカーらは、ネコの眼筋に結合する第四脳神経および第五脳神経に電気刺激を加え、小脳からの反応を微小電極で記録している（Baker, Precht, & Llinas, 1972）。それによれば、小脳虫部中央付近からは、潜時の短い（約五～六ミリ秒）スパイク反応と、潜時の長い（約一八ミリ秒）スパイク反応が記録された。前者は小脳内の苔状線維（mossy fiber）を、後者は登上線維（climbing fiber）を経由して来ると考えられる。一方、小脳虫部の外側では、潜時の長い後者の反応のみが記録された。

さらにシュワルツとトムリンソンは、ネコの両眼の直筋に糸を結びつけて眼筋を機械的に伸張した時の小脳ニューロンの反応を記録し、特定方向の眼球の動きに選択的に反応するニューロンを見出している（Schwartz & Tomlinson, 1977）。これらの研究では、刺激の与え方などに違いはあるが、いずれも眼筋からの求心性の信号が小脳に伝えられていることを示している。

二　上　丘

ローズとアブラハムズは、ネコの外直筋に結びつけた糸を引っ張って眼球を受動的に動かした時の上丘ニューロンの反応を記録した（Rose & Abrahams, 1975）。反応インパルス数や反応潜時、反応を引き起こすために必要な眼球運動の大きさなどは、ニューロンによってばらつきがあったものの、テストされたすべてのニューロンで反応が認められた。さらに反応が生じるために必要な最小の眼球運動の大きさは、眼が第一眼位(1)から離れるにつれて減少した。このことは上丘ニューロンがサッカード直前の眼球位置に選択的に反応している可能性を示している。

ドナルドソンとロングは、ネコの四つの直筋に糸をつけて引っ張り、これらの眼筋が伸張した時の上丘表層ニューロンの反応を調べた（Donaldson & Long, 1980）。多くのニューロンはすべての直筋の伸張に対して反応したが、どの直筋が伸張されたかによって反応が異なるニューロンもあった。これらのニューロンは視覚刺激に対しても反応したが、その反応は眼筋に加えられた伸張刺激によって大きく変化し、またその変化のパターンもさまざまであった。

第三節　眼球の位置に応じて反応が変化する脳細胞

もし脳内のニューロン活動が、眼窩内での眼球の位置の変化に応じて変化するとすれば、それらのニューロンには眼球位置信号がなんらかの形で伝えられていると考えることができる。さらに、それらのニューロンは、視覚世界の安定性を支える神経機構の一部をなしている可能性がある。このような特性をもつニューロンはまず頭頂葉や上丘で発見されたが、その後、視覚野やＭＴ野（medial temporal area）、ＭＳＴ野（medial superior temporal area）などでも見つかっている。

一　頭頂葉

サルの下頭頂葉（inferior parietal lobule）後部の皮質（７ａ野）には、眼窩内の眼球の位置に応じて反応を変化させる視覚性のニューロンが存在することが報告されている（図３・２）。アンダーセンらによれば、サルに視野内のさまざまな位置に提示された光点を注視させた実験において、光点刺激に対するニューロンの反応は、

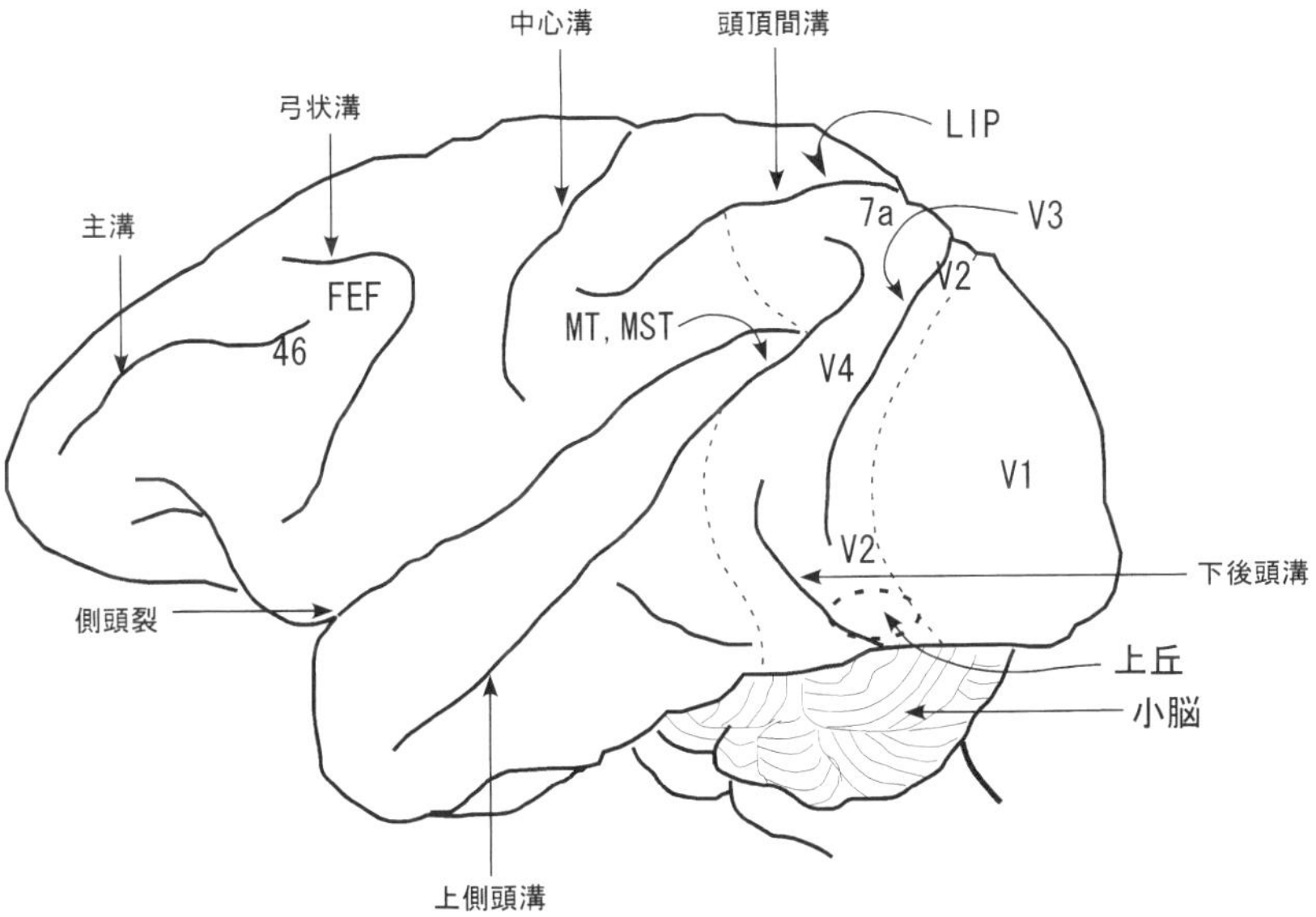

図3.2　サルの脳の各領野の大まかな位置。曲線の矢印は，脳の内部にある領野を示す。

サルが視野内のどの位置にある光点を注視したかによって変化した（Andersen & Mountcastle, 1983; Andersen, Essick, & Siegel, 1985）。すなわち、眼窩内の眼球の位置によって変化した（図3・3）。ただし、光点を注視する代わりに、サルが自由に眼を動かして視野内に眼を向けていた場合には、このような眼球の眼窩内における位置の効果は認められなかった。このことは、ニューロンの反応が変化するためには、サルがある程度注意深く光点を見る必要があったことを示している。アンダーセンらはこの結果について、眼球位置の違いによるニューロン活動の変化は、視覚的注意に関連した中枢起源性のものである可能性があり、眼筋などからの求心性の信号によるものではないと主張している。

頭頂葉のニューロン活動が眼球位置を反映することは、さらにその後の研究でも詳しく調べられている。サルに視野内に配置された多数のターゲット刺激を注視する課題、あるいはあるターゲットから別のターゲ

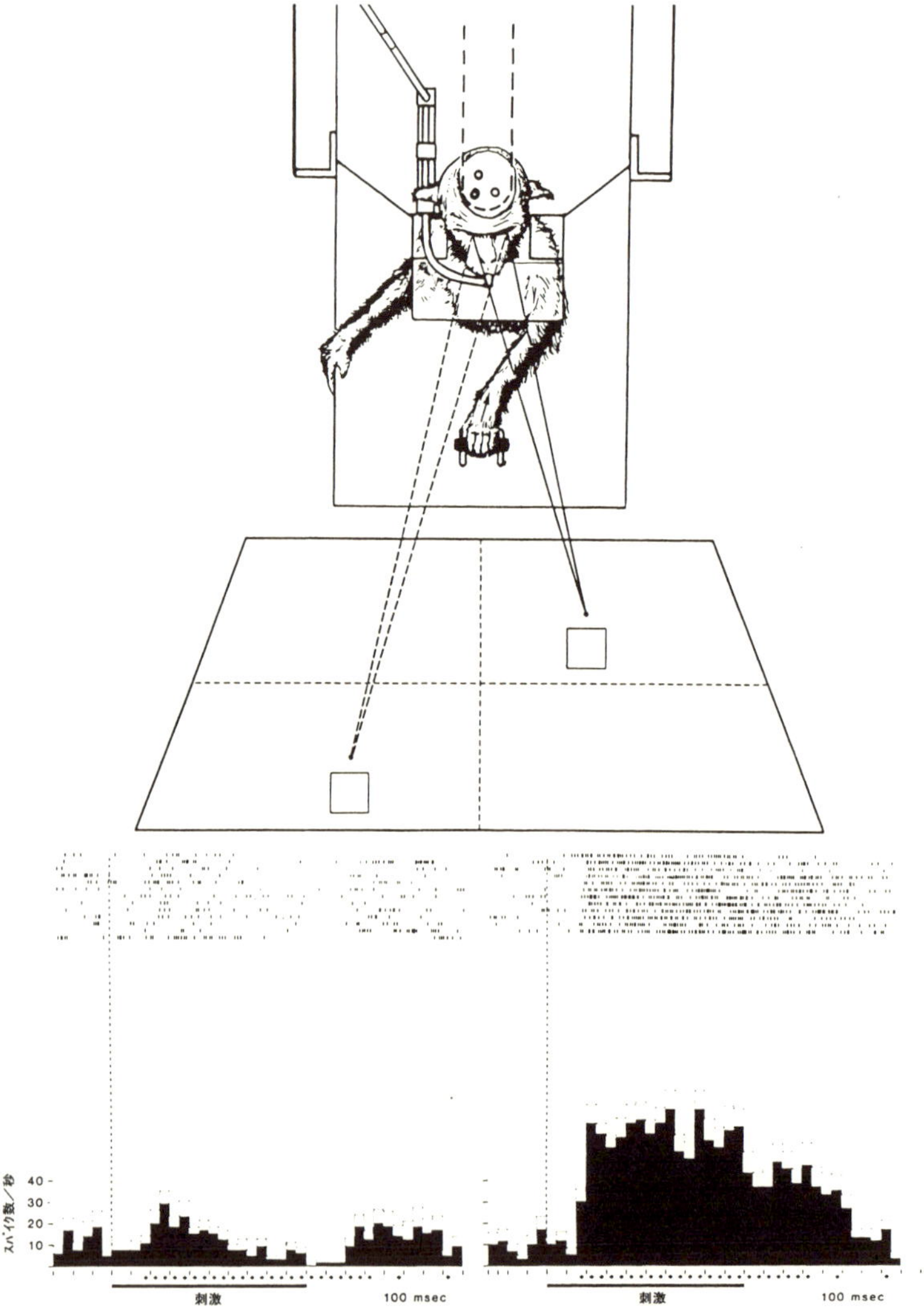

図3.3　視線方向によって反応が変化する頭頂葉ニューロン

このニューロンはサルが前方におかれた画面の右上を注視した時よりも画面の左下を注視した時に大きな反応を示した。上：実験の様子。下：ニューロンの反応。

(Andersen & Mountcastle, 1983, *The Journal of Neuroscience*, 3, 532-548.)

ットにサッカードをする課題を行わせ、その時のV6A（頭頂－後頭溝の前壁）のニューロンの反応を記録した研究がある（Nakamura, Chung, Graziano, & Gross, 1999）。それによれば、分析の対象となった三五四個のニューロンのうち四八％にあたる一四九個のニューロンは、与えられた課題に連動して反応したが、これらのニューロンは特定のターゲット（あるいは隣接する複数のターゲットのいずれか）を注視した時に選択的に活動を増加させた。しかもターゲットを消しても、その位置を注視していれば神経活動は持続した。また、サッカードの出発位置に関係なく、ある特定の場所にあるターゲットに向かってサッカードを行った時に最大の活動を示したが、中には注視に先行するサッカードの方向によって影響を受けるものもあった。さらにこれらのニューロンの多くは、特定のターゲットに到達した直後に活動を増加させ、その約五〇〇ミリ秒後には活動を弱めた。それゆえ、その活動は、ある特定の位置に視線が到達したことを反映しており、その位置に視線がとどまっていることによって活動を増加させたのではないと考えられる。

眼球位置によるニューロン活動の変化は、運動前野（premotor area）でも見つかっている（Boussaoud, Jouffrais, & Bremmer, 1998）。サルに与えられた課題は画面に現れた手がかり刺激の色に応じて、異なるパネルを手で押す課題であった。その際、画面上の注視点は視野中央かあるいは周辺部位の四つの位置のいずれかに提示され、さらに手がかり刺激は、網膜上の九つの位置に対応する画面上の場所に提示された。サルは提示された手がかり刺激が消えた時に、手がかり刺激の色に対応するパネルを押すように訓練された。この課題を実行中のサルから記録された運動前野のニューロン活動は、手の運動方向によって変化したが、さらに眼窩内における眼球の位置によっても顕著な変化を示した。この実験結果は、眼球位置に関する信号が、皮質の感覚野を越えて、視覚によって媒介された手の運動に関わる皮質領域のニューロン活動にも影響を及ぼすことを示している。

機能的ＭＲＩを用いてヒトの脳の神経活動を記録した研究によれば、視野中心に提示されたターゲットを右手で指差しをさせると、左側の頭頂間溝（intraparietal sulcus）領域の活動が、被験者の注視位置によって変化し、左側を見ている時よりも右側を見ていた時のほうが活性化した。指差しをしないで注視位置を変えただけではこのような変化は見られなかった。反対に左手で指差しを行った時は、右側の頭頂間溝部で注視位置の効果が見られ、右側よりも左側を注視した時に、より活性化した（DeSouza, Dukelow, Gati, Menon, Andersen, & Vilis, 2000）。

二　上　丘

ペックは、ネコの上丘中層および深層にある眼球運動に関連したニューロンのうち約一〇％のニューロンにおいて、完全な暗中で自発的に眼を動かした時、および視覚刺激を注視した時のいずれの条件においても、その発火率が眼球の位置によって規則的に変化することを見出した（Peck, 1986）。このような眼球位置による発火率の変化は、音刺激に対してニューロンが反応した時も認められた（Peck, Baro, & Warder, 1995）。

同じようなニューロンは、サルの上丘でも見出されている。サルがサッカードを行った時の上丘ニューロンの反応を記録した研究によれば、この部位の多くのニューロンにおいて、その発火頻度が眼球の位置によって影響を受けることが示された。この結果は、上丘が眼窩内における眼球の位置に関する信号をとらえている可能性を示唆している（Van Opstal, Hepp, Suzuki, & Henn, 1995）。その後の研究でも、サルの上丘ニューロンの活動が眼球位置によって影響を受けることが確認されている（Krauzlis, Basso, & Wurtz, 2000; Campos, Cherian, & Segraves, 2006）。

三　視覚野

視覚野V3Aのニューロンの視覚刺激に対する反応特性を調べた研究によれば、この部位のニューロン一八七個のうち八八個のニューロンは、受容野に提示された視覚刺激が同じであるにもかかわらず、視線方向によってその刺激に対する反応が大きく変わった（Galletti & Battaglini, 1989）。これらのニューロンは、そのニューロンが位置する大脳半球とは反対側の視野に刺激が提示された時に、反応が大きくなる傾向があった。またその受容野は、アンダーセンら（Andersen & Mountcastle, 1983）が7a野で発見した同種のニューロンと比べて小さかった。

注視方向によって反応が変化するニューロンは、V1でも見つかっている。サルのV1のほぼ半数のニューロン活動は、注視方向によって変化する。とりわけ、水平方向の両眼視差に対する反応の選択性と、刺激方向（縞パターンの傾き）に対する選択性が、ある一定の注視方向の時に顕著になり、その注視方向からはずれると、反応の選択性は減少あるいは消失した（Trotter & Cerebrini, 1999）。

最近の研究では、上下・左右（それぞれ±七・五度）および奥行き方向（二二・五センチ、四五センチ、八〇センチ）に注視位置を変えた時のニューロン活動が調べられている。サルのV1、V2およびV4のニューロン活動は、いずれもこれらの注視位置の変化の影響を受けたが、とくにV4のニューロンは、奥行き方向の注視位置が近い（二二・五センチ）時に反応が大きくなる傾向があった（Rosenbluth & Allman, 2002）。

四　MT野およびMST野

サルのMT野およびMST野のニューロンは運動視に関係していることで知られているが、これらのニューロン活動も注視方向によって変化する。ブレマーらによれば、これらのニューロン（一〇九個）の受容野に、視覚刺激（ランダムドット・パターン）をそれらニューロンが最大の反応を示す方向（最適運動方向）に動かして提示した時、ＭＴ野のニューロンの六一％、ＭＳＴ野のニューロンの八二％において、そのニューロン反応が視線方向によって変化した。しかし、各ニューロンの最適運動方向が視線方向によって変化することはなかった。また、視野の異なる位置（視野中央および四つの周辺位置）から一定の速度で動き始める運動刺激を追視した場合も、視線方向の違いによって、多くのニューロンの活動が変化することが認められた（ＭＴ野ニューロンの七八％、ＭＳＴ野ニューロンの八〇％）（Bremmer, Ilg, Thiele, Distler, & Hoffmann, 1997）。

ヒトの脳においてサルのＭＴ／ＭＳＴ野に相当する領域における脳活動が、注視位置によって違いが生じることを示した研究もある。この研究では、機能的ＭＲＩによって、左三〇度あるいは右三〇度を注視している状態での右半球の脳活動が計測された。その結果、サルのＭＴ野に相当する部位の脳活動は、測定脳部位（右半球）と同側の右側を注視している時のほうが、左側を注視している時よりも高まることが示された。一方、Ｖ４などに相当する部位では、これとは反対に測定脳部位の反対側を注視している時のほうが脳活動は高かった。ただし、いずれの脳部位でも、注視位置にオプティカル・フロー刺激が提示されると、このような注視位置による違いはなくなった（DeSouza, Dukelow, & Vilis, 2002）。

第四節　眼球運動条件と刺激運動条件の比較

相殺説によれば、視覚世界の安定性は、網膜に映った外界の像の動きが、眼球の動きを知らせる眼球位置信号によって相殺されることによって実現される。眼が静止している状態で外界の対象が動けは、網膜信号のみが生じて眼球位置信号は生じない。しかし、眼球を動かした場合は、網膜像の変化（網膜信号）と眼球位置信号の両方が生じる。これらの場合のいずれでも、網膜像の変化が生じるが、それが外界の対象の運動によるのか、それとも眼球自体の運動によるのかは、眼球位置信号の有無によって決定されると考えられる。

そこで、これら二つの場合における脳内の視覚に関連する部位のニューロン活動を比較することで、眼球位置信号の生成に関わる神経機構を解明する手がかりが得られると考えられる。この種の研究はまず上丘ニューロンを対象として始められた。

一　上　丘

ロビンソンとワーツ（Robinson & Wurtz, 1976）は、サルを視野中央の注視点を見つめるように訓練し、上丘表層ニューロンの神経活動を記録するために電極を挿入し、そのニューロンの受容野に運動刺激を提示した。その運動速度は約九〇〇度／秒であり、これはサルのサッカード眼球運動の速度に等しい。別の条件では、サルは初めの注視位置から二〇度の大きさのサッカードを行うように訓練され、サッカードと同時に、静止視覚刺激が、サッカードとともに視野を移動する上丘の受容野によって横切られる位置に提示された（図3・4）。

これら二つの実験条件の両方で反応が記録された一〇五個の上丘ニューロンのうち、約2／3のニューロンは、二つの条件間で異なる反応を示した。たとえばあるタイプのニューロンは、刺激が動く条件では反応したが、眼球が動く条件では反応せず、むしろ背景の神経活動の抑制が見られた。つまり、これらのニューロンは、視覚刺激の運動によってもたらされる網膜像の変化と、眼球運動によってもたらされる網膜像の変化を区別していた。

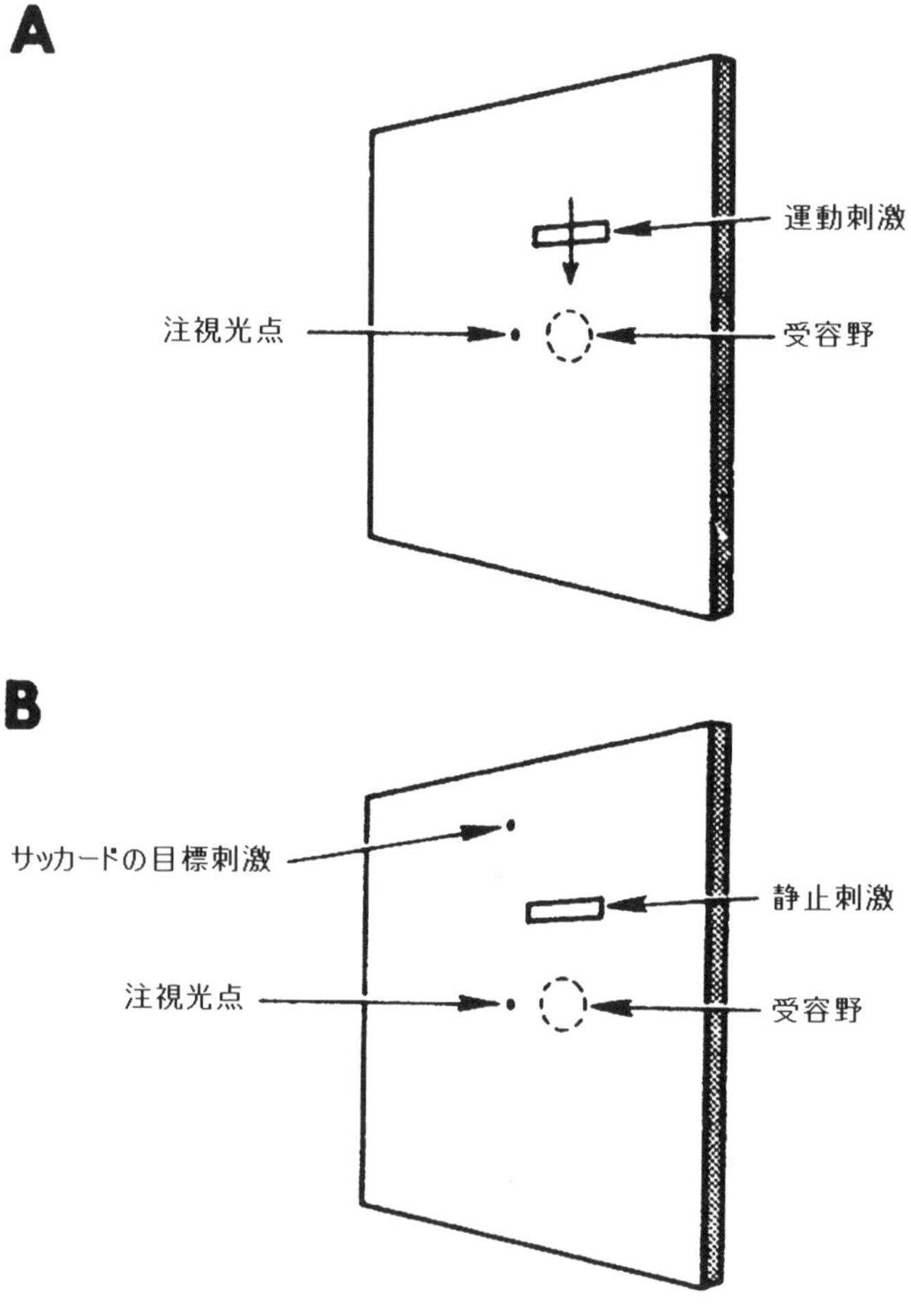

図3.4　上：注視条件　下：サッカード条件
(Robinson & Wurtz, 1976, *Journal of Neurophysiology*, 39, 852-870.)

この違いは、これらのニューロンに（求心性あるいは遠心性の）眼球位置信号が入力されていることを示唆している。

ところで、右に述べた眼球を動かす条件では、視覚刺激が動く条件とは異なり、視覚刺激と背景の両方の網膜像が受容野を横切ることになる。このため、なんらかの反応の抑制が生じた可能性がある。そこでロビンソンとワーツは、完全に暗い背景を用いて実験を繰り返したが、結果は同様であった。さらにこのような特殊な反応を示すニューロンは、サルが完全暗室内で自発的にサッカードを行った時も、背景活動の抑制を示すことが観察された。このことは、眼球運動条件で示されたニューロンの無反応は、網膜からの情報にもとづくのではなく、眼球運動の生起自体にもとづく非網膜性のメカニズムによることを示唆している。

ロビンソンとワーツの研究では、視対象の動きによる網膜像と眼球の動きによる網膜像の動きを区別するニューロンが存在することが確認された。しかし、この研究では、こうしたニューロン反応の違いが、求心性の固有受容感覚にもとづく信号によるのか、それとも遠心性の眼球位置信号によるのかは明らかにされてはいない。なぜなら、右に述べた眼球運動条件では、どちらの信号も利用可能と考えられるからである。そこでワーツらは、サルの眼筋をキシロカインを用いて麻痺させた状態で同様の実験を行った。眼筋麻痺の処置を行ったあとでの眼球運動条件では、サルが眼球運動を試みても眼球は動かないので、外部からそのことを確認することはできない。そこで、動眼神経核のニューロン活動を記録することで、サルが眼球運動を試みていることを確認した。その結果、眼筋の麻痺がない状態での眼球運動条件で観察されたニューロンの背景活動の抑制は、眼筋を麻痺させる処置を施した場合も認められた。このことから、眼球運動にともなう背景活動の抑制現象は、固有受容感覚信号ではなく、遠心性の眼球位置信号によってもたらされたと考えることができる。

ただし、これらのニューロンの反応特性は、網膜像の運動方向やサッカードの大きさに無関連だったので、これらのニューロンが眼球運動時の網膜像の変化の補正のためにどれだけ役に立つかどうかは不明である。そこで、ワーツらは、彼らが上丘表層で観察した神経活動は、相殺説で論じられているように網膜信号を相殺するために用いられているのではなく、むしろ眼球運動中の網膜信号を無視することを視覚系に伝える役割を持っている可能性があると述べている。

二　視覚皮質

ネコの視覚野には眼球運動に随伴して反応するニューロンが存在するが、これらのニューロンの中には、視覚パターン刺激を見ている時に眼を動かす条件（眼球運動条件）と、眼球を固定して視覚パターンを動かす条件（刺激運動条件）では異なる反応を示すものがある。

外山らは、ネコの上丘ニューロンを、サッカード時に反応が抑制されるタイプのニューロン（ＳＤ）と反応が活性化されるニューロン（ＳＥ）に分類した上で、ネコに視覚パターンを見せた状態でこれらのニューロンの活動を分析した（Toyama, Komatsu, & Shibuki, 1984）。ＳＤニューロンの反応の抑制は、眼を動かさないで視覚パターンを動かされた時と、サッカードを行った時とでは、その時間経緯や反応の大きさの点で同じであり、また方向の選択性もなかった。

一方、サッカードを行った時のＳＥニューロンの反応は、おもにサッカード開始から二〇ミリ秒と八〇ミリ秒で観察される成分から成り立っていたが、このうちの初期の成分は、視覚パターンが動かされた時の反応とよく似ていた。それゆえ彼らは、サッカード時に見られたＳＤニューロンの反応抑制と、ＳＥニューロン活性化での初期成分は、網膜像の動きと関係があると述べている。またSEニューロンのサッカード時の反応は、眼球運動のパラメータと強い相関を示した。しかし暗中でサッカードを行うと、この相関はなくなった。このことから彼らは、視覚パターンが見える明るいところでサッカードをした時のSEニューロン反応の後期成分は、遠心性の眼球位置信号を反映している可能性があるとしている。さらに暗中でサッカードを行った時に見られたSEニューロンの活性化は、眼筋を麻痺させた時の動眼神経核の活動とよく対応したので、求心性の固有受容感覚ではなく、エフェレンツ・コピーを反映したものと考えられると述べている。

第五節　視線の動きに先行して受容野が移動するニューロン

視覚ニューロンの受容野の位置は網膜上で固定されているので、サッカードによって視線方向が変わると、それにともなってニューロンの受容野も空間内で移動することになる。しかし、受容野の位置がサッカードに先行して変化するニューロンは、脳のさまざまな部位で発見されている。これらのニューロンは、サッカード後の視線方向をあらかじめ把握している可能性がある。すなわち、サッカード後の視覚処理の促進や、サッカード前後の視覚情報の統合に関わっている可能性がある（第五章第二節、第三節）。

一　頭頂葉

この種のニューロンは頭頂葉においてはじめて発見された。ダハメルらはサルのＬＩＰ（頭頂間溝外側部）のニューロンが、サッカードの開始約八〇ミリ秒前から、サッカード後の受容野の位置に提示された刺激に反応す

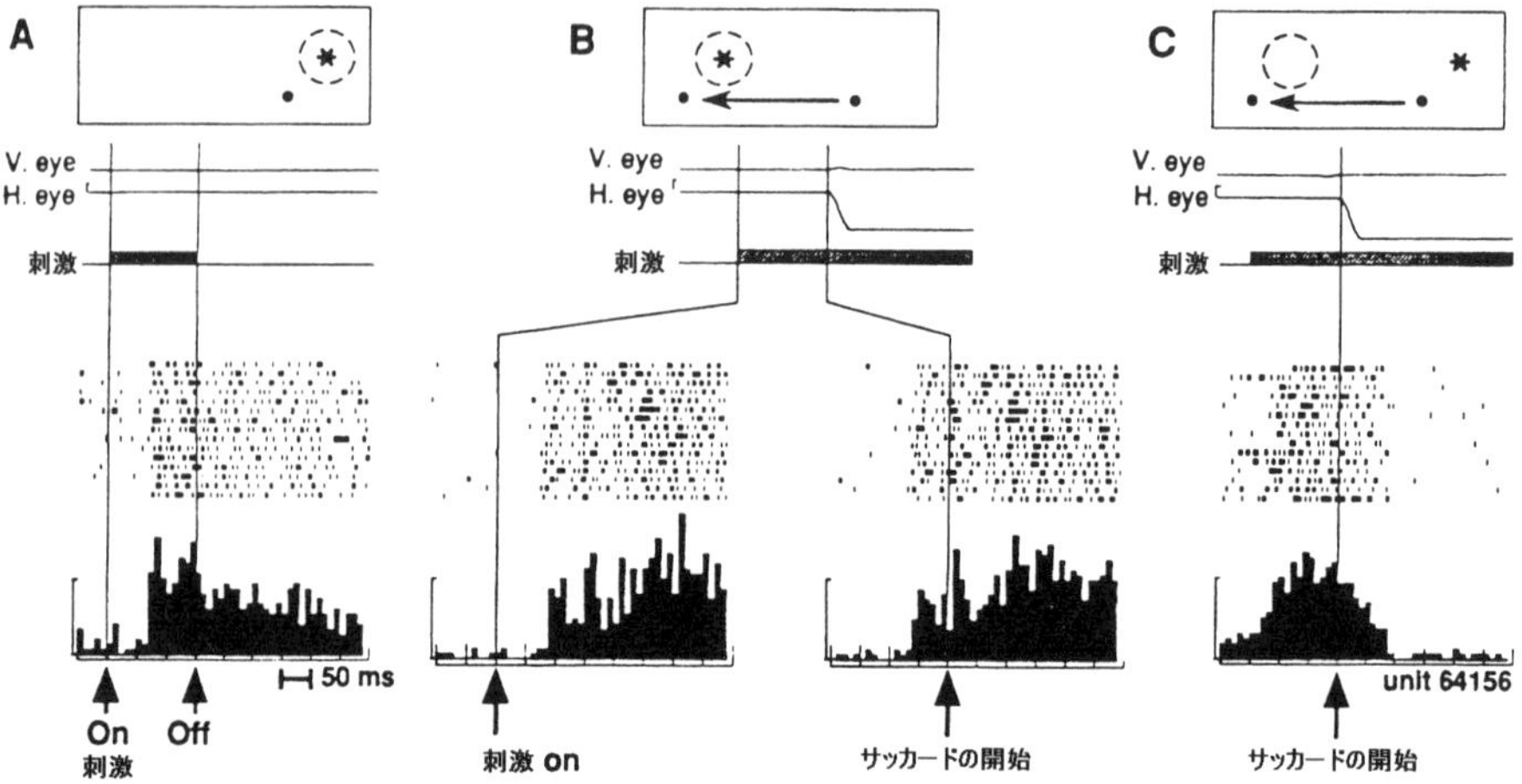

図3.5　A：眼を静止した状態で，受容野に提示された刺激に対する反応。B：サッカードに先行して，サッカード終了後の受容野の位置に刺激が提示された時の反応。C：サッカード開始前の受容野の位置に刺激が提示されている時。それぞれの図で最上段は注視点（・），視覚刺激（＊），および受容野（点線の円）を示す。上から2番目は眼球の動き（V.eyeは縦方向の動き，H.eyeは水平方向の動き）と刺激の提示（太い横線）を示す。最下段の図はニューロン反応記録を示す。
(Duhamel, Colby, & Goldberg, 1992, *Science*, 255, 90–92.)

ることを報告した（Duhamel, Colby, & Goldberg, 1992）。すなわち、これらのニューロンの受容野はサッカードに先行して、サッカード終了後の位置に移動した（図3・5、図3・6）。このような受容野のリマッピングは、視覚刺激の提示がないままにサッカードを行った場合、および刺激が提示されてもサッカードを行わない場合には観察されなかった。また、サッカードを行うと、それによってそれまで受容野に提示されていた刺激は、受容野の外に出ることになるが、この場合のニューロン反応の消失は、眼を動かさない条件で受容野に提示されていた刺激が消された時の反応の消失に比べて急速だった。さらに、このようなサッカードに先行する受容野の移動は、サッカード開始直前に視覚刺激が消された場合にも生じた。すなわち、記憶された視覚刺激に対しても生じた。

その後、楠とゴールドバーグは、これらのL

ＩＰニューロンの受容野移動の時間的特性について詳細に検討した（Kusunoki & Goldberg, 2002）。実験では、サッカードの目標刺激とは別のテスト刺激が一〇〇ミリ秒だけ、サッカードの開始前、サッカード中、あるいはサッカード終了後に提示された。結果的にテスト刺激は、サッカード開始前の受容野、あるいはサッカード終了後の受容野内に提示された。サッカード開始前の受容野に刺激が提示される条件では、八四％（29／45）のＬＩＰニューロンが、サッカード開始前二五〇ミリ秒以内に提示された刺激に対して弱い反応を示した。サッカード終了後の受容野に刺激が提示される条件では、八二％のＬＩＰニューロンが、サッカード開始四〇〇ミリ秒前に刺激が提示された場合でさえも反応を示した。

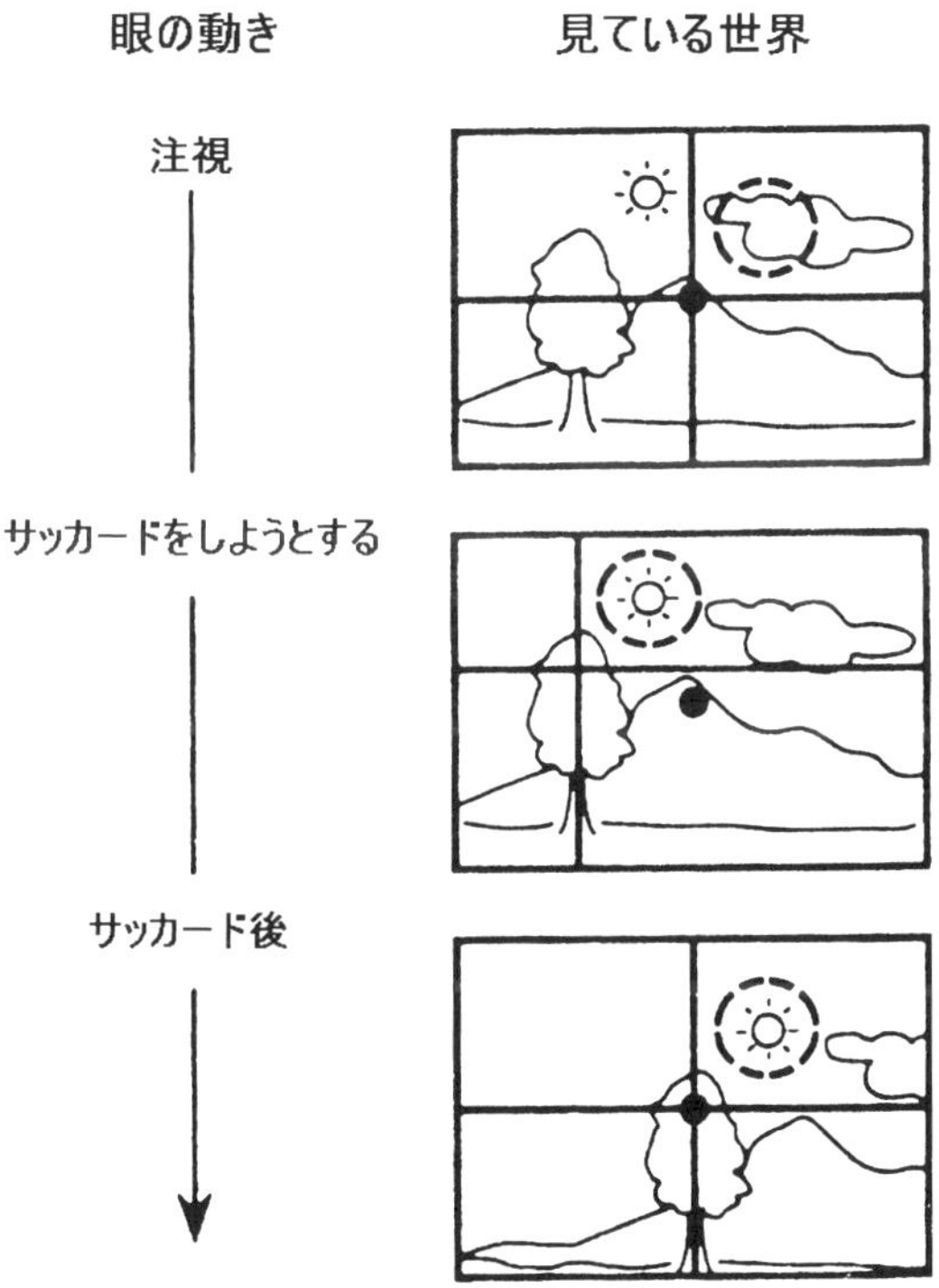

図3.6　サッカード開始に先行して移動する受容野
点線の円が受容野。黒い小点が注視位置。
（Duhamel, Colby, & Goldberg, 1992, *Science*, 255, 90-92.）

刺激がサッカード開始二五〇ミリ秒以内に提示されると、その位置がサッカード開始前と終了後の受容野のいずれであっても、反応が見られた。これはサッカード時に一時的に受容野が拡大することを意味しており、楠とゴールドバーグは、サッカード時に視覚的な定位のミスが生じるのはこのためではないかと論じている。

二　視覚野（V1、V2、V3）

サルの視覚野にあるニューロンも、サッカードに先行してその受容野の位置を変えることが知られている（Nakamura & Colby, 2002）。サルがサッカード（二〇度）をする直前あるいは直後に視覚刺激を瞬間的に（五〇ミリ秒）提示し、それに対する反応が調べられた。V3Aのニューロンの多く（40／77、五二％）は、サッカード開始前に、サッカード終了後の受容野の位置に刺激が提示されると、すでにサッカード終了時にはその刺激が消失しているにもかかわらず、サッカード時に反応を示した。しかも、そのうちの一二個（12／77、一六％）のニューロンは、サッカード開始前から反応を開始した。

同様の反応を示すニューロンは、V3、V2、V1でも見つかっている。すなわち、V3の三五％（8／23）、V2の一一％（5／46）、V1の二％（1／64）が、サッカード開始前にサッカード終了後の受容野に提示された刺激に対して反応を示した。ただし、その割合はV3Aでの値（五二％）と比べて小さかった。またこれらのニューロンのうち、サッカード開始前から反応したニューロンの割合は、V3で九％（2／23）、V2で二％（1／46）、V1では皆無だった。この値は、V3Aでの一六％およびLIPでの三五％と比較してかなり小さい。

このように、サッカードに先行して受容野が移動するニューロンの割合は、視覚系の初期の段階になるほど少なくなることが示された。

三　V4

V4のニューロンは、サッカード時の受容野位置の移動に関して、他の脳部位のニューロンとは異なる特性を示すことが報告されている（Moore, Tolias, & Schiller, 1998; Tolias et al, 2001）。トリアスらは、サルが画面に提示された注視点に眼を向けた後、テスト刺激を画面上のさまざまな位置に提示した。その後サッカードの目標刺激を提示し、その刺激に向かってサッカードをさせた。この方法によって、サルがサッカードを始める前の受容野と、サッカード開始時における受容野の位置を特定した。その結果、サッカード開始直前の受容野の位置は、眼が静止した状態で測定された受容野（古典的な受容野ＣＲＦ）の位置とは異なり、サッカードの目標位置に移動することが明らかになった。しかも、その受容野の大きさは、ＣＲＦと比較して有意に小さかった。またこのような受容野の位置の変化を反映したニューロン活動は、その位置に視覚刺激が存在する時にのみ観察され、かつサッカード開始の約二六ミリ秒前から始まることが示された（Tolias et al., 2001）。

Ｖ４ニューロンは、受容野に提示された線分刺激の方向に選択性がある。サッカード開始前に生じる予定受容野刺激への反応は、サッカード後の注視位置と密接な関係があり、サッカードに先行する反応が大きい試行ほど、サッカード後の注視位置は刺激線分の上にくる傾向が強かった（Moore, 1999）。

Ｖ４以外の部位、たとえばＬＩＰ、上丘（ＳＣ）、前頭眼野（ＦＥＦ）では、サッカードに先行して受容野が移動するニューロンが見つかっている。これらのニューロンの特性は「予測的リマッピング（predictive remapping）」と呼ばれている。Ｖ４のニューロンで発見された受容野の移動は、これらの予測的リマッピングとは明らかに異なる。Ｖ４ニューロンで見出されたこのような受容野の移動は、どのような役割を果たしているのだろうか？　この点に関してトリアスらは、受容野の縮小はＶ４における「拡大因子」を変化させることでもあり、サッカード目標位置での視覚処理を促進する効果があるのではないかと推測している。また、サッカードに先行する注意の移動とも関係があるかもしれないとも述べている。

四　ＦＥＦ

ＦＥＦ（frotal eye field：前頭眼野）では、サッカードに先行して活動する三種類のニューロンが見つかっている。これらは、視覚刺激の提示に反応するが、暗中でのサッカードの前に活動することはない視覚性ニューロン、視覚性の反応は示さないがサッカードの前に活動する運動性ニューロン、それに視覚刺激にサッカード前にも活動する視運動性ニューロンである。これらのニューロンのうち、視覚性ニューロンと視運動性ニューロンは、サッカードに先行して受容野が移動する（Umeno & Goldberg, 1997）。すなわち、視覚性ニューロンの三四％（11／32）は、サッカードが開始される以前から、サッカード後の受容野の位置に提示された視覚刺激に対する反応（predictive visual response）を示した。視覚刺激が存在しない条件でサッカードを行っても、このような反応は生じなかった。観察された反応は、視覚刺激によってもたらされたものではないと判断された。なぜなら、これらの反応は刺激提示後の二〇〇ミリ秒の潜時で生じており、ＣＲＦに提示された場合の反応潜時の七八ミリ秒と比較してかなり長いからである。さらに視運動性ニューロンの三一％（15／48）が同様の予測的な反応を示したが、運動性ニューロンではこのような反応はまったく観察されなかった（０／20）。このように予測的な反応は視覚性ニューロンでのみ観察されたことから、この反応はＦＥＦにおける視覚処理を反映していると考えられ、サッカードのプランニングや実行とは無関係であるとされた。

五　上　丘

上丘の中層はＬＩＰから強い神経投射を受けているので、ＬＩＰと同様に上丘のニューロンもサッカードに先行した受容野の移動を示す可能性がある。そこでウォーカーらは、視覚性の反応を示す表層および中層の上丘のニューロンを対象として、視覚刺激をサッカードの開始前に、サッカードの終了時の受容野内に提示し、その反応特性を分析した（Walker, Fitzgibbon, & Goldberg, 1995）。その結果、中層にある視運動性ニューロンの三〇％（18／60）において、サッカード開始に先行して受容野が移動することが見出された。またこれらの予測的な反応は、サッカード時に視覚刺激が瞬間的に（五〇ミリ秒）提示された時も見られた。この場合、サッカード終了後にその刺激は存在しないので、記憶された刺激に対して予測的な反応が生じたことになる。一方、上丘の表層ではこのような予測的な反応を示すニューロンは見出されなかった。上丘表層への主要な神経投射は網膜や第一次視覚野であるので、おそらくこれらの部位でも予測的な反応は見られないと考えられる（第三章第五節二）。

第六節　受容野が空間位置に固定されたニューロン

視線方向の変化にともなって反応が変化するニューロンや、眼の動きと同時にその受容野が視線方向に移動するニューロンが存在することは先に述べた通りであるが、さらに最近の研究によれば、視線方向の変化にもかかわらず、受容野の位置が空間内で一定に保たれているニューロンも発見されている。このようなタイプのニューロンは、眼球運動によって網膜像の位置が変化しても、特定の視覚対象を空間内の正しい位置に定位することができると考えられる。

ガレッティらは、サルにスクリーン上のさまざまな位置を注視させると同時に、運動刺激を用いて頭頂葉（頭頂-後頭溝の前壁部：V6およびPO：parieto-occipital）ニューロンの受容野の位置を調べた（Galletti, Battaglini, & Fattori, 1993）。その結果一二〇個のニューロンのほとんどが、視線方向の変化に応じてその受容野の位置が変化し、その反応の大きさも、視線方向によって変化した。ところがいくつかのニューロンでは、視線の方向が変化しても受容野の位置はほとんど変わらず、スクリーン上の一定位置に保たれていた。彼らのその後の研究でも同様のニューロンが発見されている（Galletti, Battaglini, & Fattori, 1995）。

さらに詳細な研究がダハメルらによって報告されている（Duhamel, Bremmer, BenHamed, & Graf, 1997）。彼らは、頭頂間溝腹側部（ＶＩＰ）にあるニューロンの視覚受容野の位置と視線の関係を調べた。あるニューロンは視線の変化に応じて受容野の位置も変化したが、視線方向の違いにかかわらず、受容野が空間内の一定の位置に保たれているニューロンも存在した。図３・７はその一例を示しており、注視位置が変化しても、ニューロンの受容野はスクリーンの一定場所にとどまっている。また別のニューロンは、たとえば眼が垂直方向に動いても受容野の位置はスクリーン上で変化しなかったが、眼が水平方向に動くと、それに応じて受容野の位置が移動するのが観察された。

すでに述べてきたように、視線方向によって反応が変化するニューロンは多数知られている。これらのニューロン活動が統合されれば、視線の変化による網膜像の動きにもかかわらず、外界の視対象の空間位置を判断することは可能かもしれない。しかし、ダハメルらの研究で発見されたＶＩＰのニューロンや、ガレッティらの研究で発見されたＰＯ／Ｖ６のニューロンは、一個のニューロンのレベルで、視対象の頭部（身体）中心的な位置を符号化している可能性がある。

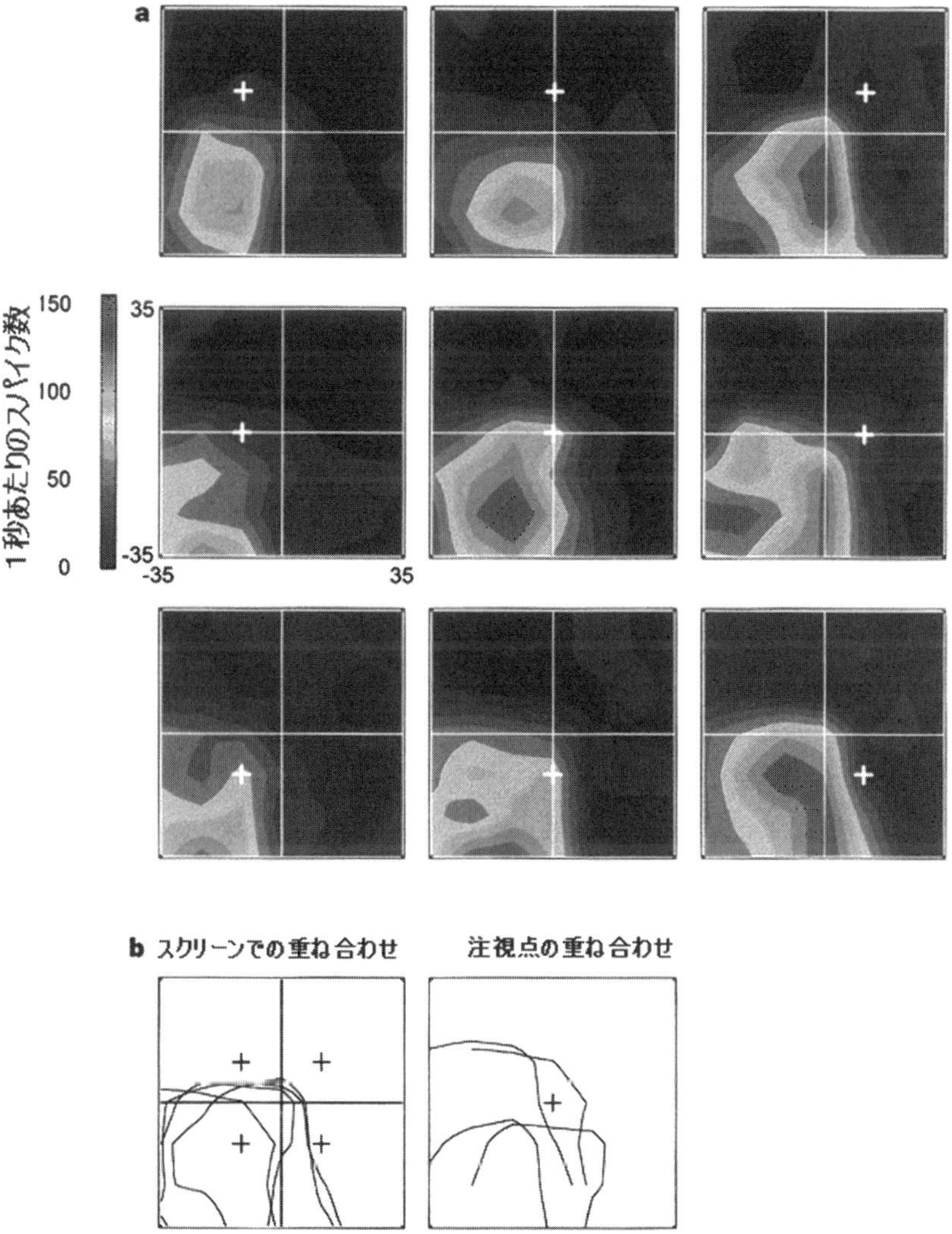

図3.7　a：あるニューロンのさまざまな注視位置（＋）での受容野。受容野は白い線分刺激を適切な方向で動かすことで決定された。スクリーンの大きさは70°×70°。
b：スクリーンを重ねた時の受容野の重なり（左）と，注視位置を重ねた時の受容野の位置（右）。
(Duhamel, Bremmer, BenHamed, & Graf, 1997, *Nature*, 389, 845-848.)

第七節　コロラリー・ディスチャージの特定

前節で紹介したニューロンは、眼球の動きにもかかわらず、それゆえ網膜像の動きにもかかわらず自分と外界の対象物との位置関係を把握するために役立っている可能性がある。すなわち視覚世界の安定性の神経学的基盤と考えることもできる。しかし、相殺説で仮定された神経機構、すなわち、網膜像の動きが動眼中枢から発せられる眼球位置信号（コロラリー・ディスチャージ）によって相殺されることを直接的に示したものではない。相殺説の神経機構を明らかにするためには、動眼中枢からなんらかの神経信号が発せられており、その信号の伝達がなければ、外界の刺激の空間位置に即した適切な反応あるいは知覚が不可能になることを示す必要がある（視覚世界の安定性は後者に当たる）。ワーツらはこのような考えにもとづいて、コロラリー・ディスチャージの神経機構を明らかにしようとした。この研究は大変重要と思われるので、以下に多少詳しく紹介する。

ワーツらは神経活動がコロラリー・ディスチャージであることの要件として次の四つをあげている（Sommer & Wurtz, 2002）。

1　その信号は運動に関わる領野から出ていること。

2　その信号は運動に先行して生じ、かつ運動の空間的なパラメータを表現していること。

3　その信号をなくしても、その信号を必要としない運動は阻害されないこと。

4　その信号をなくすと、その信号を必要とする運動は阻害されること。

これらの基準にもとづいて、ワーツらは、上丘から前頭葉にいたる上向性の経路がサッカードのコロラリー・

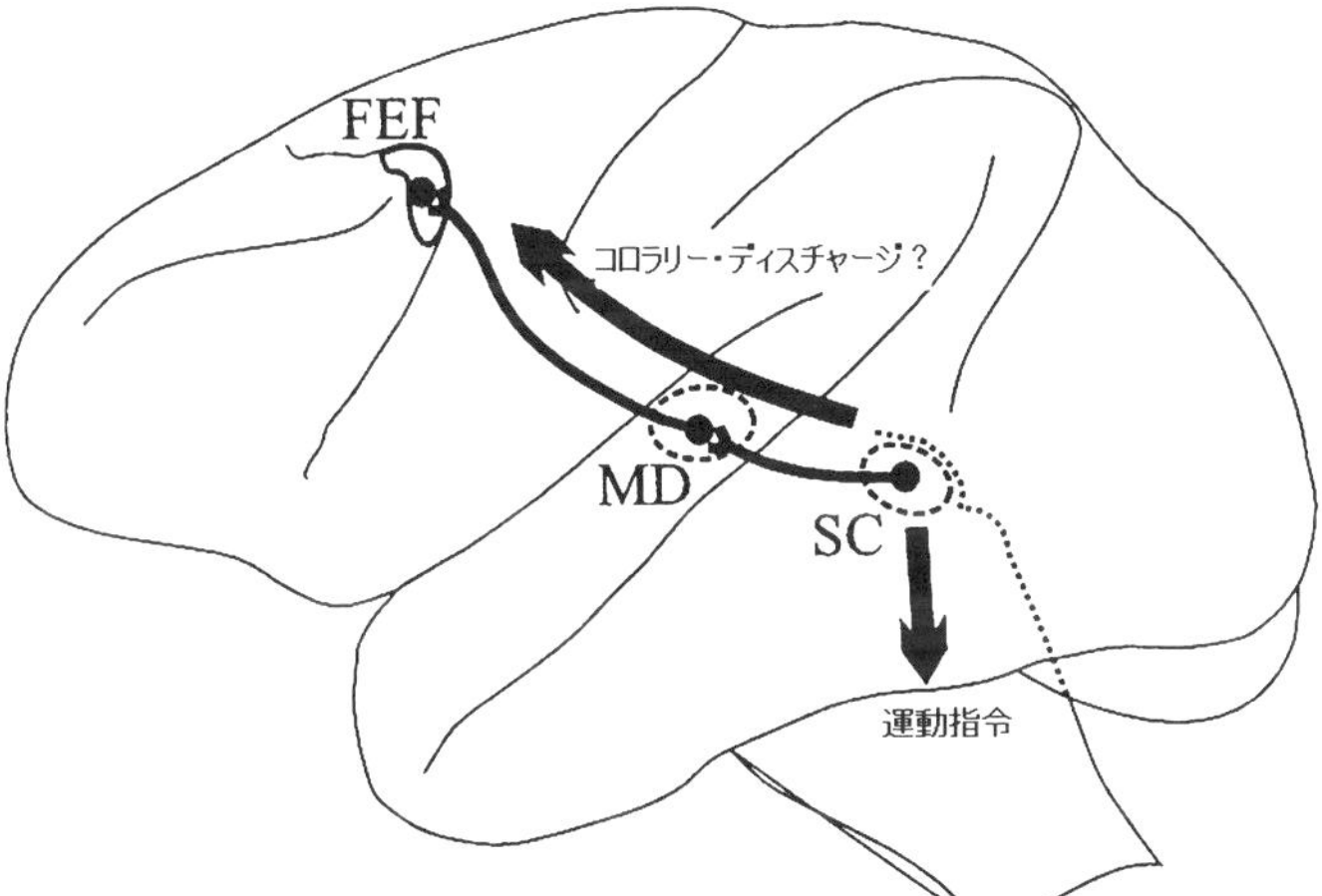

図3.8　動眼中枢の１つである上丘（ＳＣ）から，ＭＤを経由してＦＥＦに向かう上向性の経路を通してコロラリー・ディスチャージは伝えられている可能性がある。
(Sommer & Wurtz, 2002, *Science*, 296, 1480–1482.)

ディスチャージを伝えている可能性について検討した。
上丘の中層ニューロンに始まり、視床の内背側（ＭＤ：mediodorsal nucleus of the thalamus）にある中継ニューロン（relay neuron）を通って、前頭眼野（ＦＥＦ）にいたる神経経路が存在することは解剖学的に確認されている。しかしＭＤについては、あまり調べられていない。そこで、電気生理学的に、ＭＤニューロンがＦＥＦに投射していること、および上丘から入力を受けていることを確認した（Sommer & Wurtz, 2002, 2004)。さらにＭＤの中に、ＦＥＦからの刺激によって逆行性に活性化され、かつ上丘の刺激によって順行性に活性化される五一個のニューロンを見つけ出した。また上丘の刺激によってＦＥＦが活性化されることも確認した。ゆえにこれらのＭＤニューロンおよびＦＥＦニューロンは、リッカード遂行に関わっている上丘からの入力を受けていると言える。このような神経学的事実から、上丘からＭＤを経由してＦＥＦにいたる経路がコロラリー・ディスチャージの神

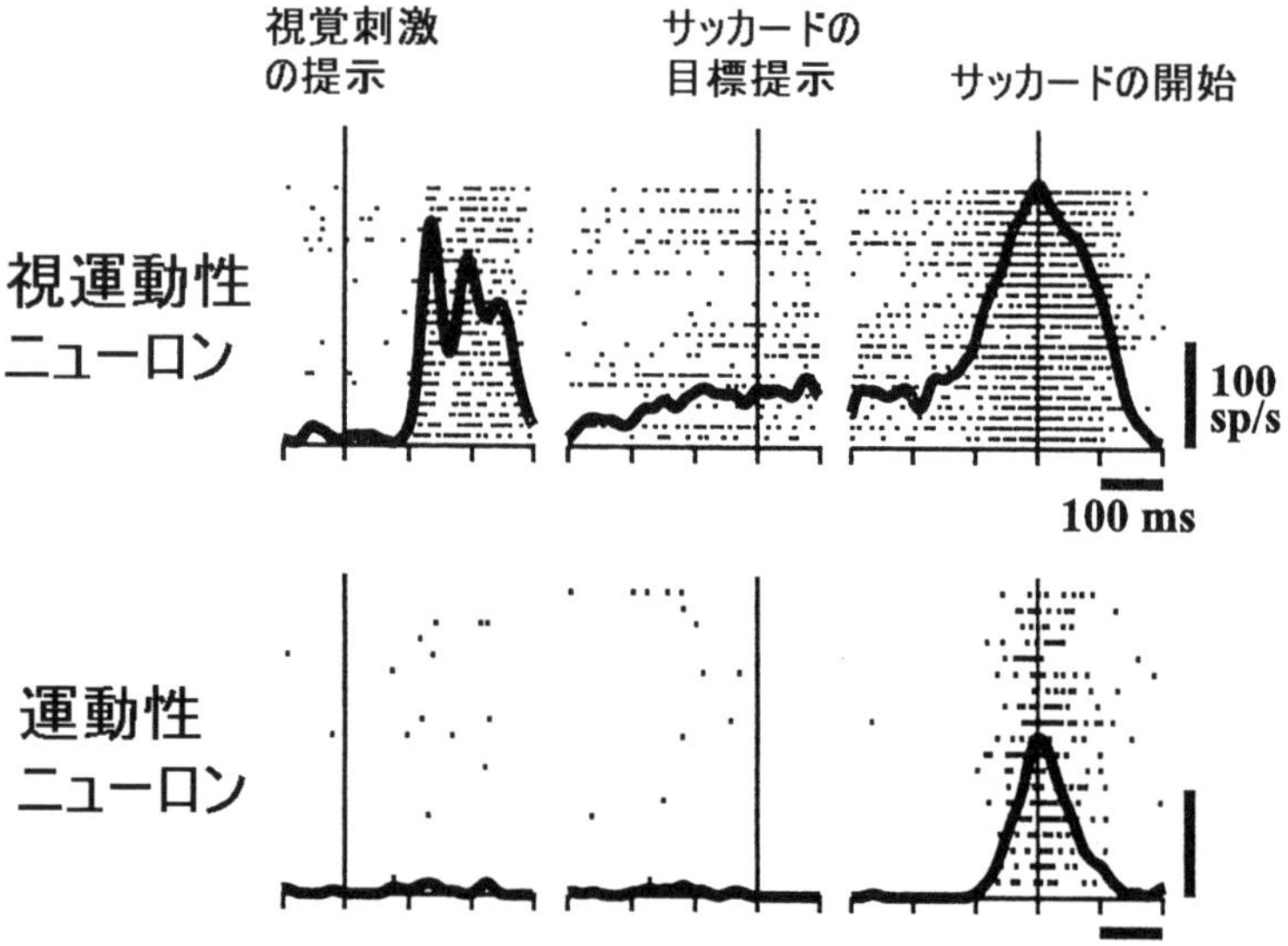

図3.9　視運動性ニューロンと運動性ニューロンの反応特性
(Sommer & Wurtz, 2002, *Science*, 296, 1480-1482.)

経学的基盤である可能性が高い（図3・8）。

これらのMDの中継ニューロンのうち、七四％はサッカード開始の約六六ミリ秒前から活性化することが示された（五七％は視運動性のニューロン、一七％は運動性ニューロンであった）。このことは、これらのニューロンの活動が、眼筋の収縮にともなう固有受容感覚からの信号にもとづくものではないことを意味している（図3・9）。さらにこれらのニューロンの反応は、上丘のニューロンの反応とよく似ていた。

上丘やFEFのニューロンを不活性化すると、サッカード生成に影響が出ることはすでに確認されている。そこで、サルのMDニューロンをGABA拮抗物質であるムシモル（muscimol）で不活性化し、サッカードがどのように影響を受けるかを調べた。単一のサッカードをする限りでは、その遂行はコロラリー・ディスチャージを必要としないと考えられる。実際、MDニューロンを不活性化した状態でな

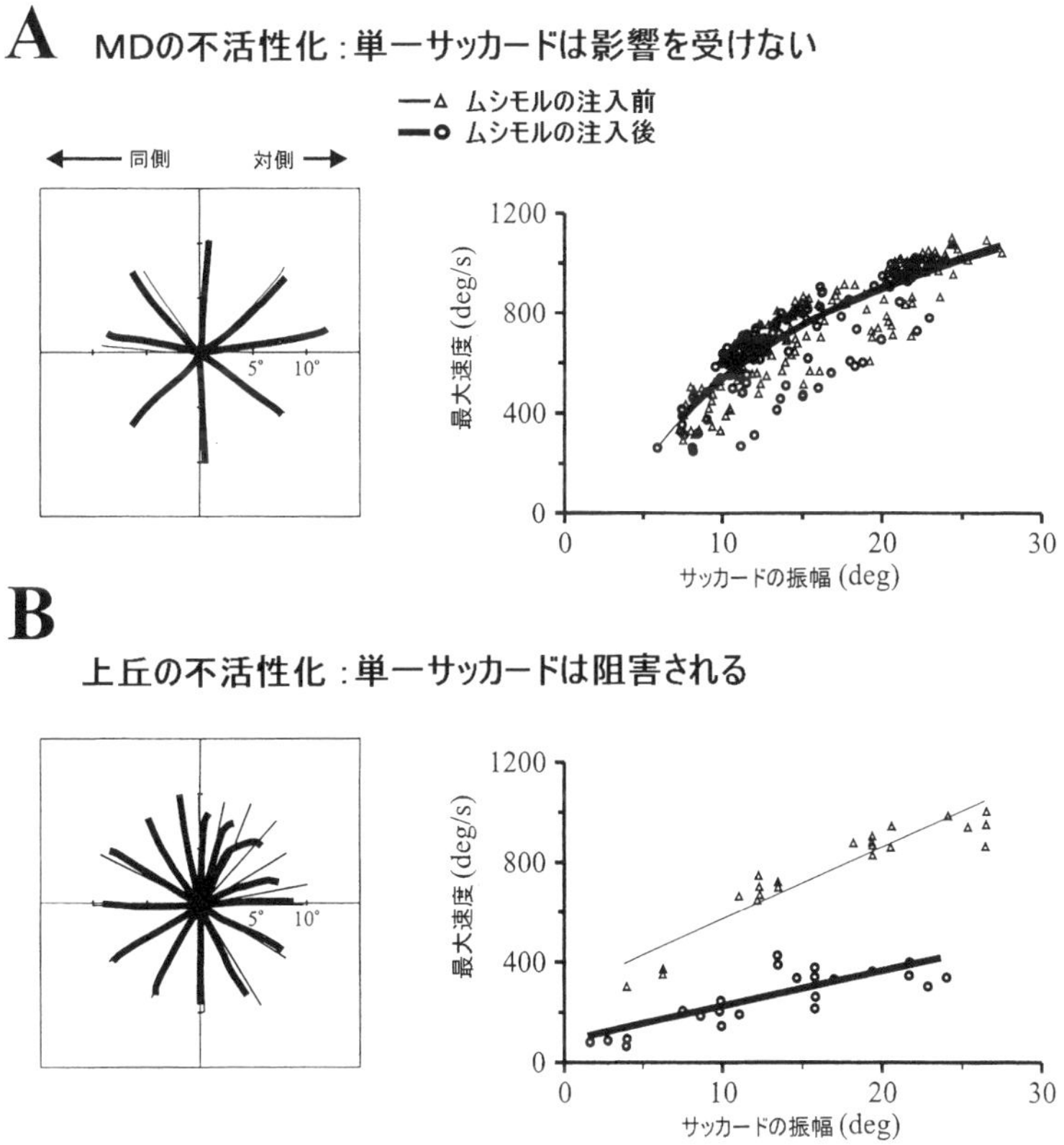

図3.10　A：ムシモルを用いてMDニューロンを不活性化した時の単一サッカード。サッカードの特性に変化はない。
B：上丘ニューロンを不活性化すると，サッカードは阻害され，最大速度が低下する。
(Sommer & Wurtz, 2002, *Science*, 296, 1480-1482.)

されたサッカードは、その正確さや潜時の点で、変化が見られなかった（図3・10A）。これに対して、上丘が不活性化されると大きな影響を受けた（図3・10B）。ゆえに、MDを通過する神経信号は、サッカードに関する情報を伝えてはいるが、サッカード生成には関与していないと言える。

　最後にMDニューロンの不活性化によってコロラリー・ディスチャージを必要とする運動が影響を受けるかど

うかが、ダブル・ステップのサッカード課題を用いて調べられた。この課題ではターゲット刺激が二つ連続的に提示され、サルはそのターゲットに向かって二つのサッカードを行うように訓練された。図3・11に示したように、最初のターゲットは注視点の右側、二番目のターゲットは最初のターゲットの真上に提示された。二つのターゲット刺激はいずれも最初のサッカードの開始前に提示された。コロラリー・ディスチャージが有効であれば、眼が二つのサッカード位置に正しく向かうと予想される。すなわち、最初のサッカードは注視の右方向になされ、二番目のサッカードはその到達位置から真上方向に向かうはずである（図3・11A左）。一方、コロラリー・ディスチャージが存在しなければ、二番目のサッカードは、最初のサッカードの到達位置から斜め右上方向に向かうと予測される。なぜなら、コロラリー・ディスチャージが存在しなければ、動眼系は最初のサッカードの方向と大きさを知ることができないので、最初のサッカードが開始されるまえに提示された二番目のターゲットの網膜像の位置にもとづいて、二番目のサッカードを遂行すると考えられるからである（図3・11A右）。

実験の結果を図3・11のBに示す。MDニューロンを不活性化する前には、ほぼ正しくサッカードが行われた。最初のサッカードはまっすぐ右側よりも、やや上方向になされているが、これは実験が暗中でなされたためと解釈される。二番目のサッカードは、真上方向に向いている。これに対して、MDニューロンが不活性化された後では、二番目のサッカードは右上に傾いた方向になされた。これはコロラリー・ディスチャージが正常に機能しない場合に予測された結果である。二番目のサッカードの到達位置は、真上になされた場合よりも右側に二・五度移動していた。これはコロラリー・ディスチャージがまったく欠如していた場合の予測値（一〇度）の二五％にすぎない。このように、MDニューロンの不活性化にもかかわらず、サッカードの変化が予測された量よりも少なかったのは、いくつかの実験的・理論的要因によると考えられる。

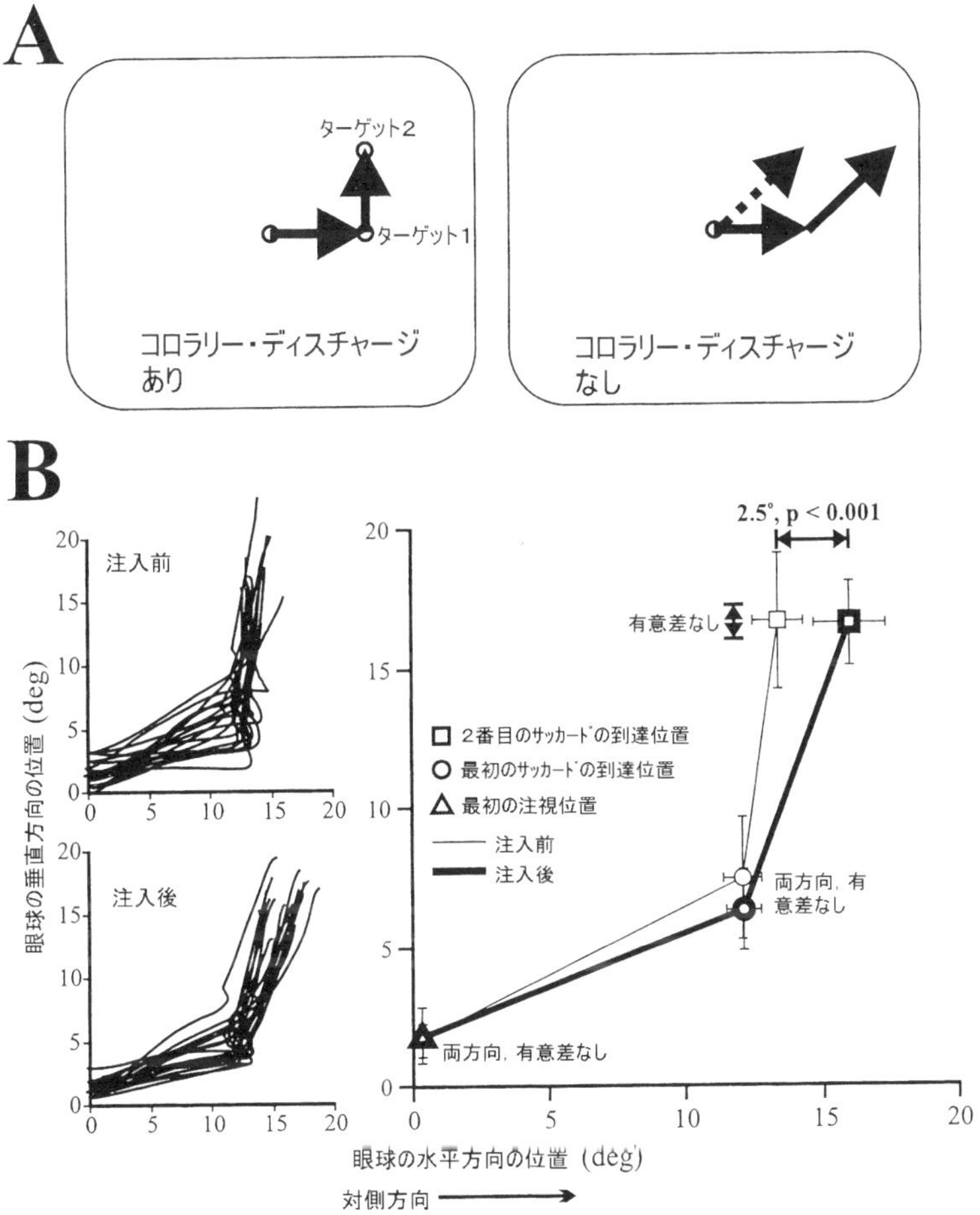

図3.11　A：コロラリー・ディスチャージの有無によって予測される眼球の動き。B：MDへのムシモルの注入前と注入後の眼球運動の軌道（左）とその比較（右）。
(Sommer & Wurtz, 2002, *Science*, 296, 1480-1482.)

まず第一に、ムシモルを注入したのはMDの一部の領域であったので、残りの領域は正常に機能していた可能性がある。第二に、MDを通過する経路は、コロラリー・ディスチャージの伝達に関わるいくつかの経路の一つにすぎないことがあげられる。小脳あるいは黒質から発して、視床を経由し、FEFにいたる経路なども考えられる。また固有受容器からの情報も役立っていたかもしれないが、この可能性は少ない。

さて、こうしてFEFに伝えられたコロラリー・ディスチャージはどのように脳内で利用されるのだろうか？FEFやLIP、その他の有線外皮質においては、ニューロンの受容野がサッカードの前に移動することが示されている。またSCやMT野のニューロンは、眼球が動いたことによる網膜像の動きと、対象が動いたことによる網膜像の動きを区別していることも示されている。これらのニューロンの反応特性は、視覚世界の安定性を支える神経学的基盤の一部であると考えられるが、そのいずれもコロラリー・ディスチャージをなんらかの形で利用している可能性がある。実際、FEFからはMT野やLIPなどの広い皮質領域に神経投射がある。

最後に、この研究で明らかにされた経路は、脳幹から皮質にいたる経路のごく一部にすぎない。事実、SCから視床枕を通って有線外皮質にいたる経路もある。この経路の役割は明らかでないが、視床枕を不活性化すると、注意の移動を必要とする課題で障害を受けることが示されている。

第四章　眼球位置信号と視覚

すでに述べたように、ヘルムホルツは、視覚世界が眼球運動にもかかわらず静止して見えることを、相殺説と呼ばれる理論で説明した。相殺説によれば、眼を動かすと同時に眼球の動きに関する信号（眼球位置信号）が動眼中枢から視覚系に送られる。網膜像の動きは、この眼球の動きに関する信号によって相殺される。眼球位置信号は、コロラリー・ディスチャージあるいはエフェレンツ・コピーとも呼ばれるが、その存在をめぐって多数の行動学的、神経生理学的な研究が行われてきた（第二章、第三章）。では、視覚世界の安定性はほんとうにこのような相殺のしくみによって実現されているのだろうか？　この問いに答えるための手がかりは、サッカード中に提示された視覚刺激の位置を判断させる心理物理実験にある。それらの研究の多くが示すところによれば、眼球位置信号による相殺のしくみは、必ずしも日常生活で体験される視覚世界の安定性をもたらすほど完璧ではない。

第一節　サッカード時の位置判断の誤り

サッカード中に光点などの視覚刺激を瞬間的に提示すると、光点は実際の提示位置とは異なる位置に見えるこ

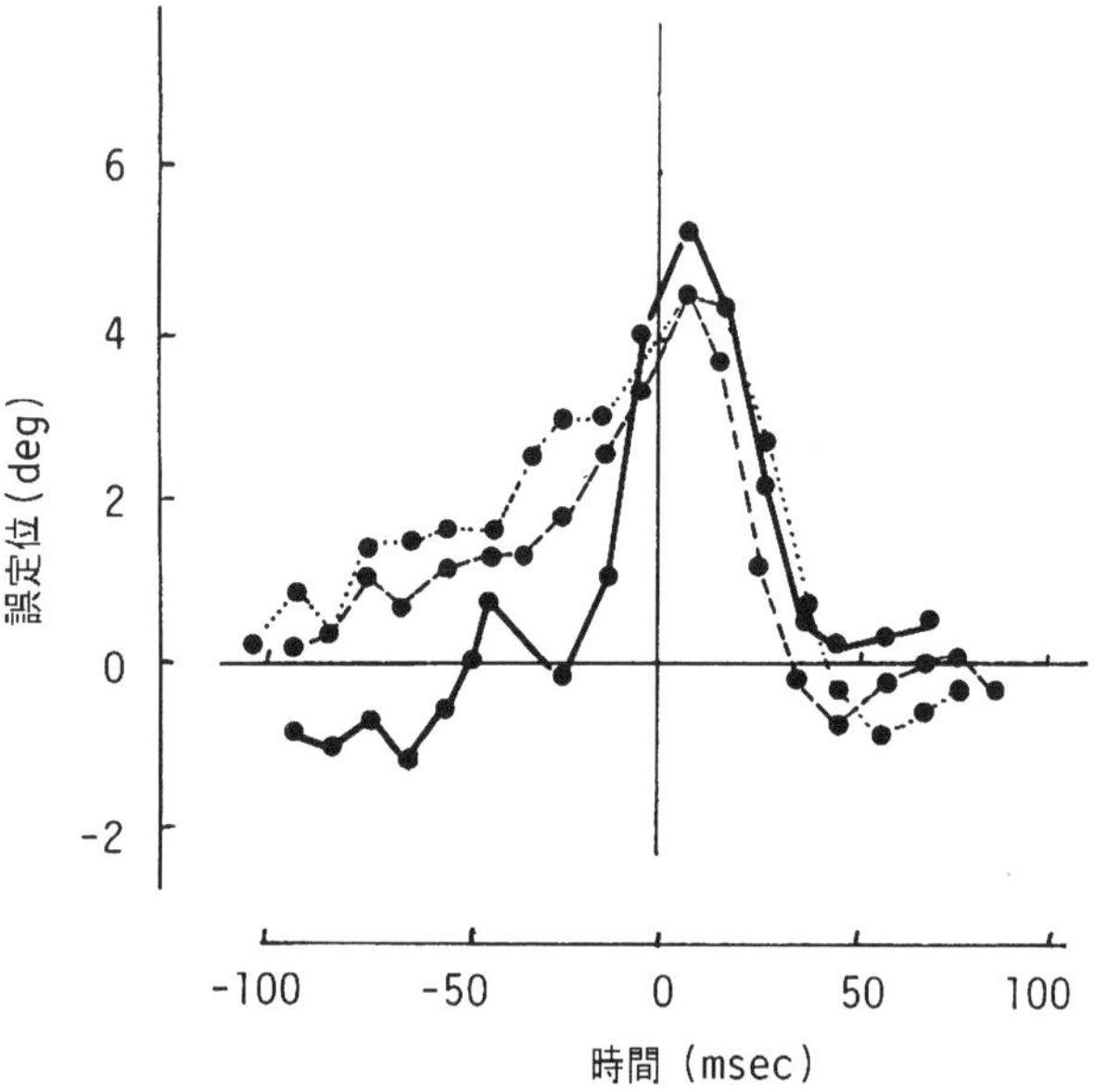

図4.1　サッカードを挟むさまざまな時点で提示されたフラッシュ刺激の見かけの位置。横軸はフラッシュ刺激が提示されたタイミングであり，0がサッカードの開始時点を示す。縦軸はフラッシュ刺激の位置判断の誤りを示す。0が実際の位置，プラスの値はサッカードと同じ方向への誤り，マイナス値はサッカードと反対方向への誤りを示す。3人の被験者の結果を示している。
(Mateeff, 1978, *Perception and Psychophysics*, 24, 215–224.)

とが、多くの研究によって示されている。この種の研究は一九六〇～七〇年代から始まった。ドイツのビショッフとクラーメルやブルガリアのマティーフは、サッカード中に提示された視覚刺激の見かけの位置を、背景に置かれたスケール上の数字で答えさせる方法で、サッカード時の知覚的な位置変化について検討した（Bischof & Kramer, 1968; Mateeff, 1978）。たとえばマティーフの行った実験の一つでは、被験者は、眼前の黒いパネル上に一二度の間隔で置かれた二つの注視点の間を、音信号を合図に左から右へサッカードをすることを求められ、サッカードをはさむさまざまな時点で光点が〇・五ミリ秒だけ提示された。その結果、サッカード中に瞬間的に提示された光点の位置は、サッカードの方向に大きくずれた位置に見えることが示された（図4・1）。この見かけの位置の変化は、サッカード中はもちろんのこと、サッカードの開始直前あるいはサッカード完了直後に光点が提示された場合にも観察された。このようなサッカードにともなって観察される見かけの位置の変化は、サッカードによる誤定位（saccadic mislocalization あるいは perisaccadic mislocalization）と呼ばれる。

この研究で示されたように、サッカード中に提示された光点が実際の位置と異なる位置に見えることは、相殺説に合わない。なぜなら、相殺説によれば、サッカード時に生じる網膜像の動きは、眼球位置信号によって相殺されるはずであり、それゆえ、光点の位置は正しく判断されるはずだからである。サッカードによる誤定位が生じることは、眼球位置信号が、網膜像の動きを完全に相殺できるほどには、眼球の動きを伝えていないことを示していると考えることができる。

ところで、ここで紹介した実験のように、視野内にスケールなどが提示されている実験では、たとえ実験が暗室内で実施されたとしても、スケールの視覚像がサッカードにともなって網膜上を急速に移動することになる。このため、このような網膜上で生じる刺激変化が、光点の見かけの位置判断に影響を及ぼしている可能性がある。事実、マッケイは、眼を動かす代わりに、背景を急速に動かした場合も、背景上に瞬間的に提示された光点が、実際の提示位置とは異なる位置に見えることを報告している（MacKay, 1970）。

オリガンは、サッカードを行う条件と背景を動かす条件で実験を行い、両条件の結果を比較している（O'Regan, 1984）。彼の実験では、被験者の前に置かれたディスプレイ上に注視点とサッカードの目標刺激があらかじめ提示され、被験者がサッカードを行ったさまざまな時点でテスト刺激（短い縦の線分）が瞬間的に提示された。被験者はそのあとに提示されたカーソルを、テスト刺激が見えた位置に移動する方法で、テスト刺激の見かけの位置を報告した。その結果、先行研究で示されたのと同様に、テスト刺激は実際の提示位置とは異なる位置に見えることが示された。この実験に加えて、彼はサッカードを行う代わりに、被験者が一定位置を注視している時に眼前のスライドを動かす実験を行った。このスライドの動きは、サッカード時に生じる網膜像の動きと同じ網膜像の動きをもたらす。この条件でも、テスト刺激の位置判断の誤りが観察された。このことからオリガンは、サッカード時の誤定位は、サッカード自体の効果ではなく、網膜像の急速な移動が関与しているのではないかと述べている。なお彼の研究では、コンピュータを用いて、テスト刺激がサッカード中の眼球の網膜上のいくつかの特定の位置（中心、および中心窩の左右二・四度、四・八度、七・二度の七個所）に投射された。このため、テスト刺激の網膜上位置の効果についても調べることができた。彼の得た結果は、テスト刺激の位置判断の誤りは、テスト刺激が投射される網膜上の位置によっても異なることを示していた。

マッケイやオリガンの研究では、サッカード時に生じる位置判断の誤りと同様の誤りが、背景を動かした場合にも生じることが示され、それゆえ、サッカードにともなう誤定位は、サッカードを行ったこと自体によるのではなく、サッカード時に生じる急速な網膜像の動きによると解釈された。しかしその一方で、サッカードを行う条件と背景を動かす条件で観察される誤定位は、かならずしも同様でないことを示す研究もある。本田は、数字が付されたスケールを背景刺激として、サッカード時に静止した背景上に提示された光点の位置を判断する条件（サッカード条件）と、眼を静止させた状態で背景が急速に動いた時に光点が提示される条件（背景運動条件）での光点の位置判断の成績を比較した（Honda, 1995a, 1995b）。いずれの条件でも、被験者は光点が見えた位置をスケールに書き込まれた数字で答えた。その結果、光点の位置判断の誤りは、どちらの条件でも観察されたが、サッカード条件のほうがより大きな誤定位が観察され、また背景運動条件では光点が提示される位置の違いによる効果が顕著だった。この結果は、サッカードにともなう視覚的な誤定位が、背景の動きだけでは説明できないことを示している。

第二節　完全暗中での実験

前節で紹介した研究のように、背景にスケールが見える条件、あるいはサッカード時に注視点やサッカードの目標刺激が見える条件においては、サッカードを行うことによってこれらの刺激の視覚像が網膜上を急速に動く。このため、このような網膜上での事象が、サッカード時の誤定位を引き起こしている可能性がある。そこで、サッカード時に相殺の仕組みが完全に機能しているかどうかを調べるためには、完全な暗室内で、サッカード時にはテスト刺激しか見えない条件で実験を行う必要がある。

マティンらが一九六〇～七〇年代に発表した一連の研究は、このような条件で行われたものであった。たとえば彼らが行った実験の一つでは、まず暗室内で注視点が四秒だけ提示され、注視点が消えた三〇〇ミリ秒後にサッカードの目標刺激が七〇ミリ秒だけ提示された（Matin, Matin, & Pearce, 1969）。この目標刺激の位置は、注視点の右側約二度一一分、あるいは四度二二分であった。被験者はこの刺激に向かってサッカードを行うことを求められ、サッカード中のさまざまな時点でテスト刺激が一ミリ秒だけ提示された。被験者はこのテスト刺激が最初の注視点の右側あるいは左側のどちらに見えたかを報告した。サッカードの反応潜時は二〇〇ミリ秒程度であるので、テスト刺激は他の刺激が存在しない暗中に提示されたことになる。マティンらの別の実験では、テスト刺激はサッカードの開始直前に提示された（Matin, Matin, & Pola, 1970）。

図4・2は、マティンらが行った実験の結果の一部をまとめたものである。もし眼球位置信号が完全に機能して、サッカード時も注視点の位置を正確に判断できたならば、データはサッカード開始までは縦軸0にあり、サ

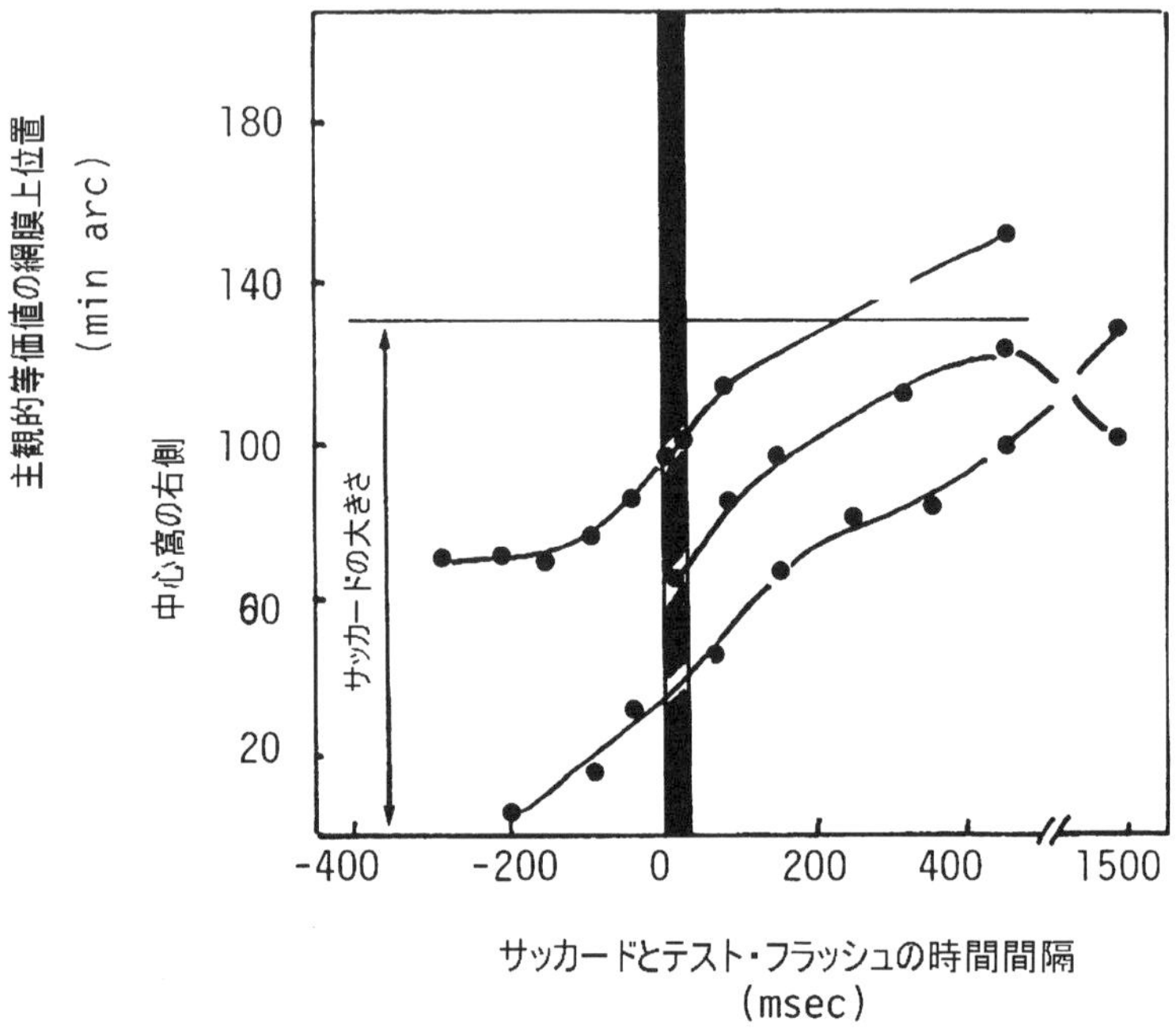

図4.2　注視点の右側へ133'の大きさのサッカードを行った時に，瞬間提示されたテスト刺激によって定位された注視点の見かけの位置の変化

縦軸は中心窩（サッカード前に提示された注視点の網膜上位置）から，注視点と同じ位置と判断されたテスト刺激の網膜上位置までの距離を示す。横軸はテスト刺激が提示されたタイミングであり，0がサッカードの開始時点，マイナス値はサッカード前，プラス値はサッカード後の時点を示す。図の黒い縦線はサッカード開始から終了までの時間範囲を示す。

(Matin, 1976. In Monty & Senders (Eds.), *Eye movements and psychological processes*, New Jersey: LEA, pp. 205-219.)

ッカード中は急速に増加し、サッカード終了時以降はサッカードの大きさに等しい縦軸131'（2°11'）の値をとるはずである。しかし、実験結果は明らかにこの予測と合わない。データの時間経過を見ると、サッカード前からゆるやかに上昇をはじめ、サッカード終了後もサッカードの大きさ（131'）に達していない。図に示された結果は、サッカード直前においては、実際の注視点からサッカード方向にずれた位置を注視点の位置とみなし、一方サッカード直後においては、実際の注視点の位置からサッカードと反対方向にずれた位置を注視点の位置とみなしたことを示している。

右に紹介したマティンらの研究は、サッカード時においては視覚的な位置の判断に誤りが生じることを示したものとしてたびたび引用されてきた。しかし、その詳細を見ると、いくつかの問題点があることに気づく。その一つは、彼らの実験では最初の注視点の位置とテスト刺激の位置を比較する方法が用いられていることである。彼ら自身が認めているように、このような方法を用いると、二つの刺激の網膜上の位置にもとづいた判断がなされる傾向が生じ、とくに二つの刺激提示の時間間隔が短い場合にはこのような傾向が強くなる（Matin & Pearce, 1965）。また、彼らの実験ではもっぱら小さな振幅のサッカード（二度〜四度程度）のみが調べられていることや、個人差が大きいことも問題である。さらに、彼らの示したデータが視野内の広い範囲にあてはまるかどうかも疑問である。

このような問題点を踏まえて、本田は別の反応方法を用いた実験を行った（Honda, 1989）。その実験では、まず暗室内の視野中央に注視点が一秒〜一・八秒提示され、注視点の消去二ミリ秒後にサッカードの目標刺激が注視点の右側八度の位置に二〇ミリ秒だけ提示された。被験者はこの刺激に対してサッカードを行った。サッカードの実行中にテスト刺激が二ミリ秒だけ提示された。テスト刺激は、注視点の左側四度から右側一二度までの間の九箇所のいずれかの位置に提示された。被験者は、テスト刺激が見えた位置に眼を向けると同時に、その約一・四秒後に提示された光点（プローブ刺激）をテスト刺激が見えた位置に移動した。この実験では四人の被験者が参加したが、その結果を図4・3に示している。この図の横軸はテスト刺激が提示されたタイミングを示し、縦軸はテスト刺激の位置判断の誤りを示す。すなわち縦軸の0はテスト刺激の実際の位置、プラスはサッカード方向にずれた位置、マイナスはサッカードと反対方向にずれた位置である。四人の被験者の結果はきわめてよく

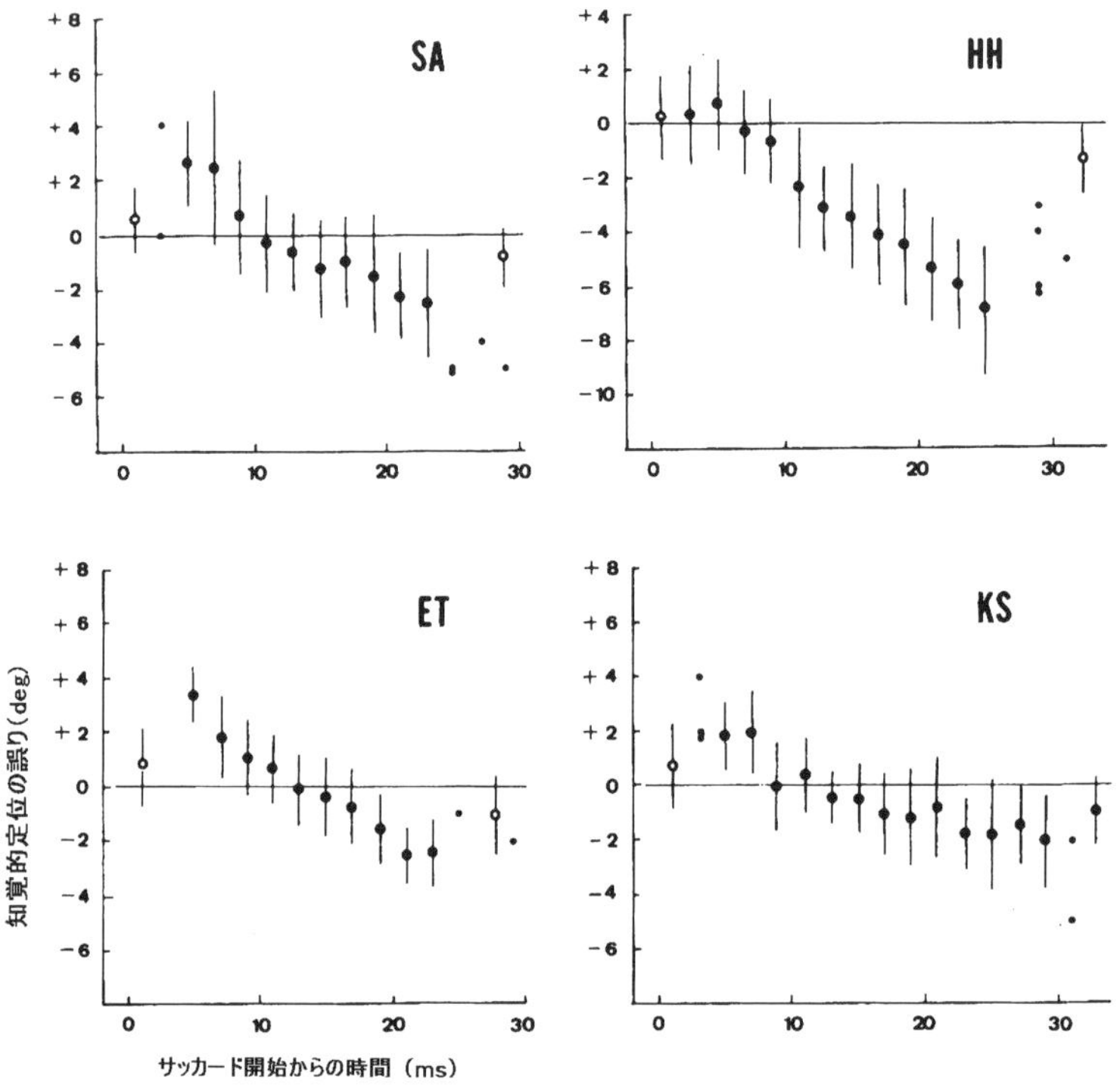

図4.3 完全暗中でサッカード中に瞬間提示された光点の定位位置

4人の被験者のデータを示す。白い小円は，サッカード前あるいは後の注視条件での定位位置。縦線はSD。

(Honda, 1989, *Perception and Psychophysics*, 45, 162-174.)

似ており、多少の個人差はあるが、サッカード開始直後（横軸の〇〜一〇ミリ秒）ではサッカードと同じ方向への誤り、サッカードの後半（横軸一五〜三〇ミリ秒）ではサッカードと反対方向への誤りが見られた。この実験では、テスト刺激の提示がサッカードの実行中だけであったものの、実験結果は、サッカード時に提示された視覚刺激が実際の位置とは異なる位置に見えることをきわめて明確に示している。

さらにこの研究では、テスト刺激の見かけの位置は、テスト刺激の実際の位置と網膜上の位置のどちらの影響を受けるのかを、重回帰分析によって検討した。その結果、テスト刺激の見かけの位置を予測する第一の要因は、網膜上の位置であることが示された。

その後本田は、同様の実験場面において、テスト刺激をサッカード中だけでなく、サッカードをはさむさまざまな時点で提示することで、時間的により広い提示範囲での誤定位について調べた（Honda, 1990, 1991）。サッカード中およびサッカード後のテスト刺激の提示には、眼球運動記録装置からの信号を差分することでサッカード開始時点を検出し、これをトリガー信号にしてテスト刺激を提示した。一方、サッカード開始前のテスト刺激の提示は、サッカードの目標刺激の提示からテスト刺激提示までの時間間隔を、一般的なサッカード潜時よりも短く設定する方法によって行われた。この種の実験で得られた結果の一部を図4・4に示す。この図には水平方向のサッカードを行った時（左から右へ。図4・4上）と、垂直方向のサッカードを行った時（下から上へ。図4・4下）のデータが示されている。いずれの場合も、サッカードの開始約一〇〇ミリ秒前からテスト刺激の見かけの位置はサッカードと同じ方向にずれ始め、このずれはサッカードの開始時点（横軸の0）でピークに達し、その後、しだいにずれは小さくなり、サッカード終了時には、サッカードと反対方向へのずれがピークに達する。サッカード終了後再びずれはしだいに小さくなり、サッカード開始後一〇〇〜一五〇ミリ秒で実際の位置に見えるようになる。このように、暗中においてサッカード時に提示された視覚刺激の見かけの位置は、時間経過とともに複雑に変化する。研究によっては、サッカードの後半時点で見られるサッカードと反対方向への誤定位があまりはっきり示されないこともあるが、図4・4に示された誤定位と同様の結果が、多くの研究で報告されている。

では、図4・1や図4・4に示したようなテスト刺激の誤定位はなぜ生じるのだろうか？　マティーフは、相

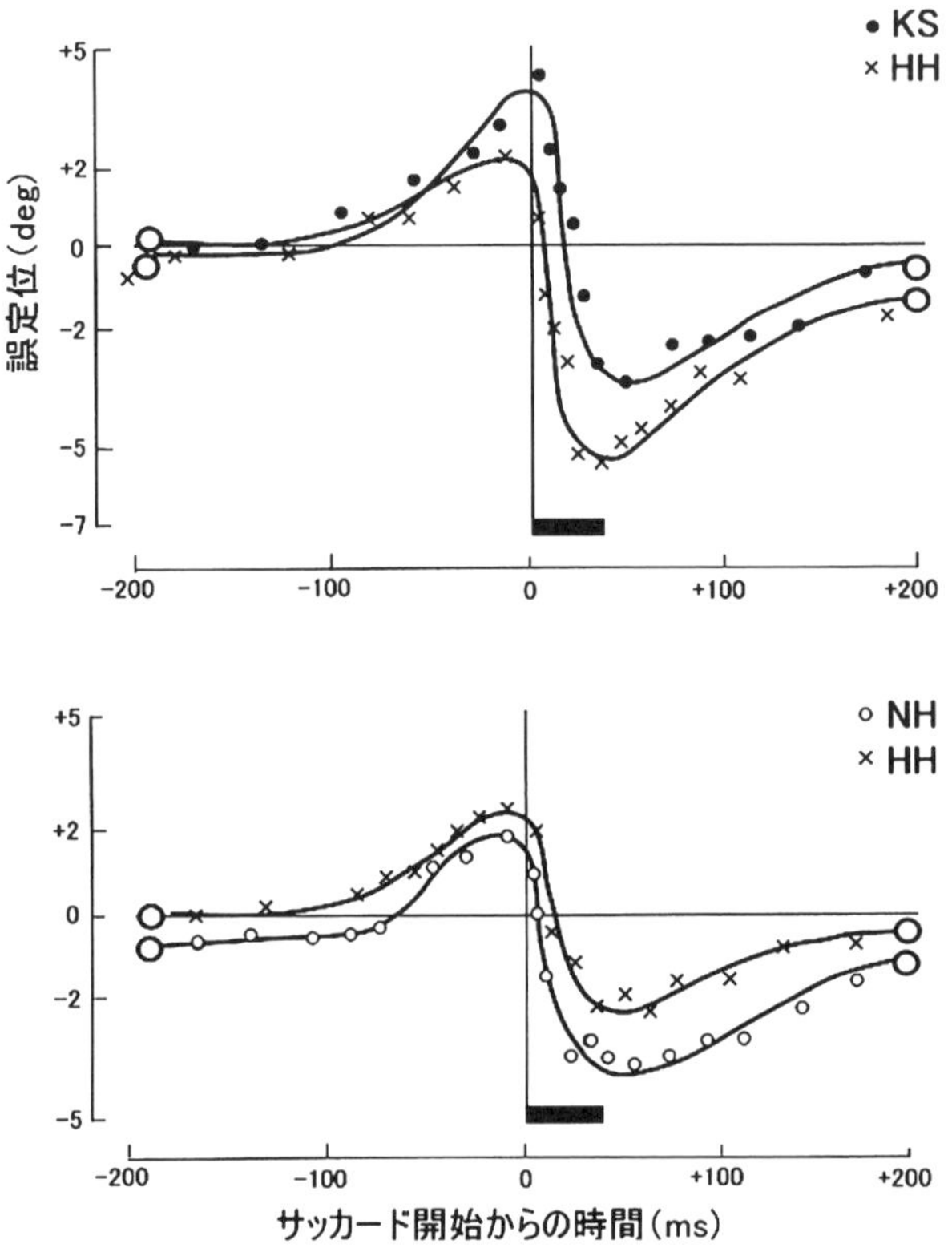

図4.4 暗中において，サッカードを挟むさまざまな時点で瞬間提示されたテスト刺激の位置判断の誤り
横軸はテスト刺激の提示タイミング。黒いバーはサッカードの平均持続時間を示す。縦軸0が実際のテスト刺激の提示位置，プラスがサッカードと同じ方向への誤り，マイナスはサッカードと反対方向への誤りを示す。上の2人のデータは水平方向のサッカード，下の2人のデータは垂直方向のサッカードをした時の結果。
(Honda, 1991, *Vision Research*, 31, 1915-1921.)

殺説にもとづいて次のように説明している（Mateeff, 1976）。図4・5のaに示された曲線y*はマティーフの実験で示された誤定位である。またbに示されたr*は、サッカードにともなう網膜像の動きを示している。これはdに示された実際の眼球運動αから求められる。

相殺説によればサッカード時に提示されたテスト刺激の位置は、網膜像の動き（r*）と眼球位置信号の相殺に

よって決まる。そこで眼球位置信号をα^*とすれば、

$$r^*+\alpha^*=y^*$$　ゆえに、

$$\alpha^*=y^*-r^*$$

図4・5のcは、このようにして求められた眼球位置信号の時間経過（α）を示す。これをdに示した実際の

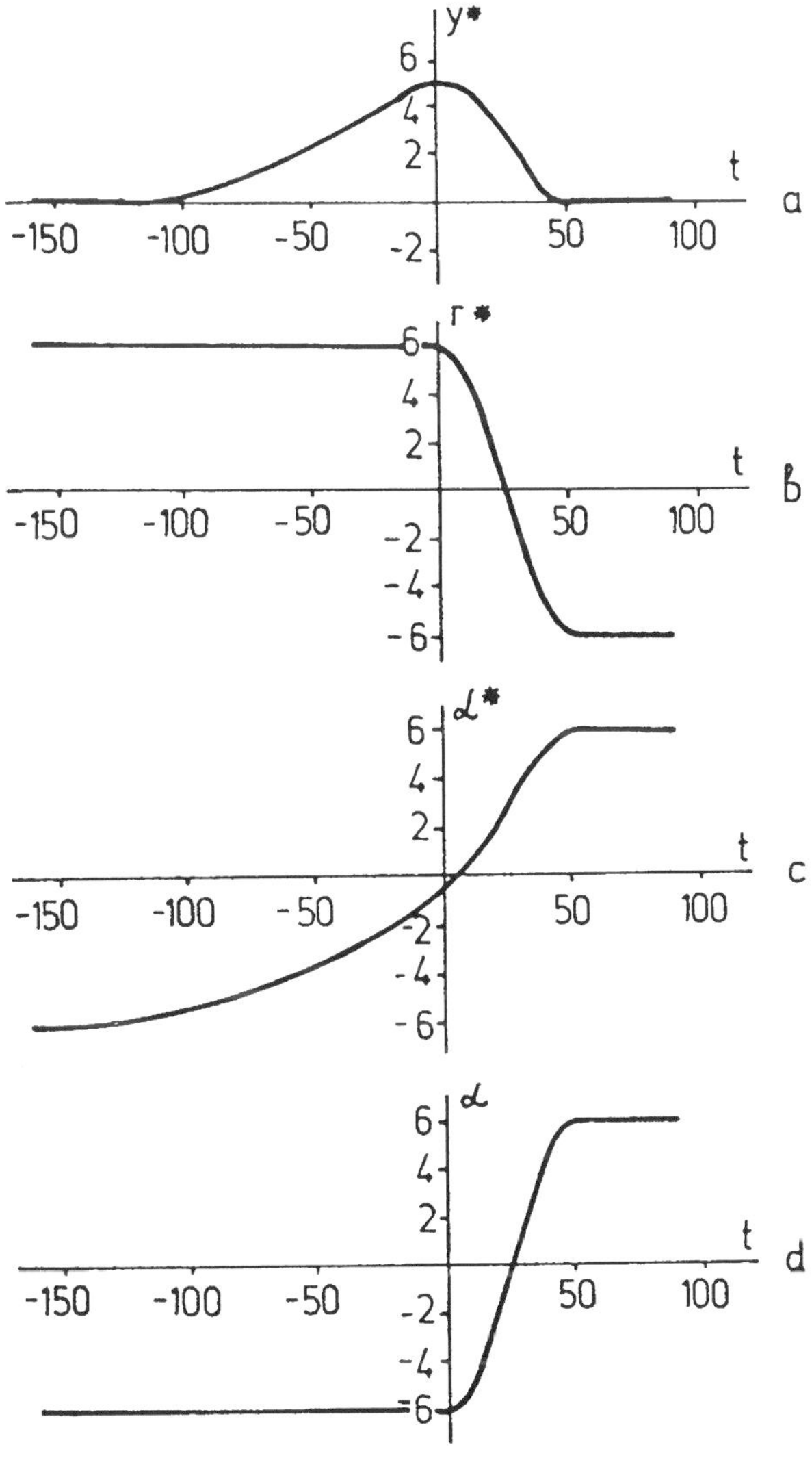

図4.5　a：Mateeffの実験で示されたテスト刺激の誤定位の時間経過（y*），b：テスト刺激の網膜上位置（r*），c：相殺説の仮説から求められた眼球位置信号（α^*），d：実際の眼球運動の時間経過（α）。
(Mateeff, 1976, *Perception and Psychophysics*, 24, 215–224.)

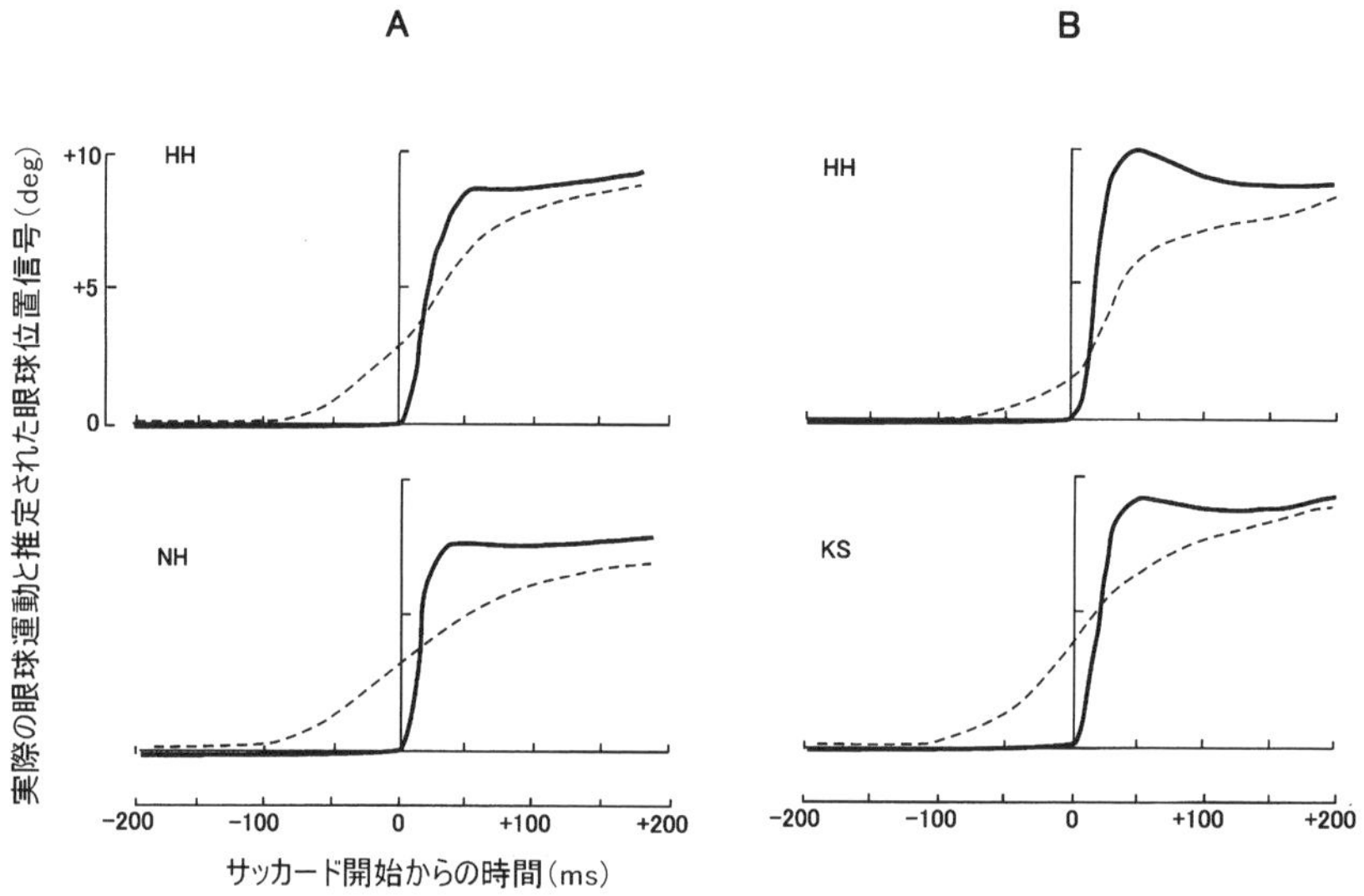

図4.6　相殺説の考えに基づいて計算された眼球位置信号の時間経過（点線）と実際の眼球運動の時間経過（実線）

図4.4に示した誤定位のデータに対応し，Aは垂直サッカード，Bは水平サッカードの場合である。

(Honda, 1991, *Vision Research*, 31, 1915-1921.)

眼球運動の時間経過（α）と比較すると明らかに異なるが、この差異がaに示した誤定位を表わすことになる。言い換えれば、誤定位は実際の眼球運動と眼球位置信号の食い違いから生じることを前提とした議論である。

さてこの考えを適用して、図4・4に示した誤定位から眼球位置信号の時間経過を求めたのが図4・6である。計算によって求められた眼球位置信号は、実際のサッカード開始の前から生じるが、その変化はゆるやかであり、サッカードが完了したあとでサッカード後の眼球の位置に追いつく。眼球位置信号がこのように緩慢な変化を示すという考えは、サルを被験体とした別の研究でも示されている（Dassoinville, Schlag, & Schlag-Rey, 1992)。

第三節　網膜信号の歪み説

サッカードにともなう誤定位はもっぱら眼球位置信号の時間的・空間的な不正確さによるとする研究が多い中で、網膜から視覚中枢に伝えられる求心性の信号（網膜信号）がサッカードによって歪められるとする説もある。サッカードにともなう誤定位が刺激の提示される網膜上の位置によって影響を受けることは、以前から報告されていた（Bischof & Kramer, 1968; O'Regan, 1984）。このことは、サッカード時の誤定位に網膜からの信号が関わっていることを間接的に示唆している（第四章第一節）。

最近クレッケルバーグらは、ＭＴ野（medial temporal area）およびＭＳＴ野（medial superior temporal area）のニューロンのサッカード時における反応特性を分析した（Krekelberg, Kubischik Hoffmann, & Bremmer, 2003）。彼らの実験ではサルを被験体として、サッカード直前、サッカード中、サッカード終了直後のさまざまな時点でバー刺激を提示し、上側溝（ＳＴＳ：superior temporal sulcus: ＭＴ野とＭＳＴ野）、ＶＩＰ（頭頂間溝腹側部）、ＬＩＰ（頭頂間溝外側部）のニューロンの反応が比較された。その結果、眼を動かさない注視条件においては、ＳＴＳにあるニューロン活動は、ＶＩＰやＬＩＰのニューロン活動とは異なり、もっぱら刺激の網膜位置によって決定されることがわかった。一方、サッカード付近で提示された刺激に対する反応を分析したところ、サッカードの開始約一〇〇ミリ秒前から、ＳＴＳニューロンに見られた網膜位置に対応した反応特性に強い歪みが生じ、サッカード後約七〇ミリ秒経つと、再び網膜位置に対応した反応特性に回復することが示された。このような結果を踏まえてクレッケルバーグらは、サッカード時に見られる誤定位は、サッカードが生じる

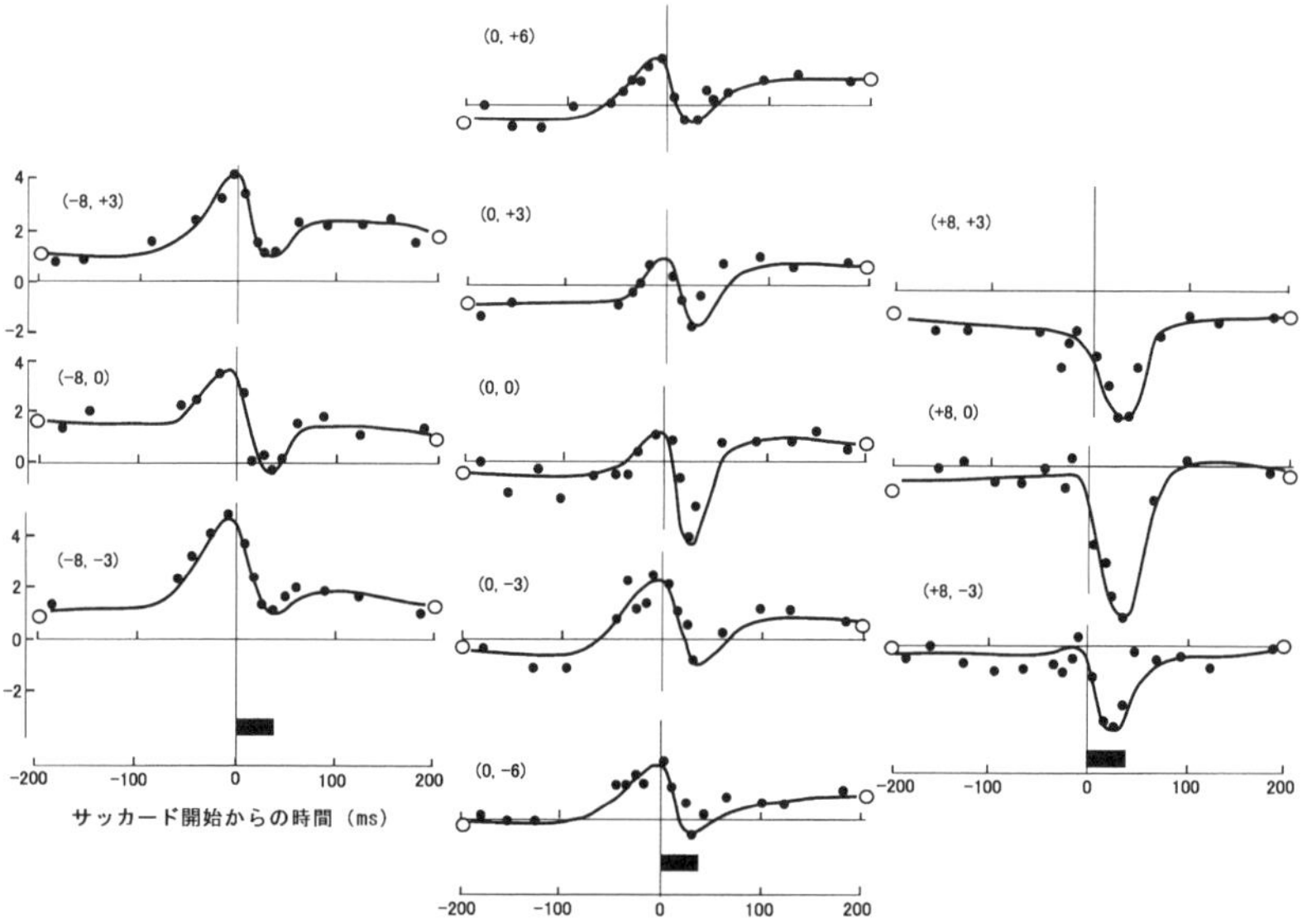

図4.7　日本地図を背景とした視野内のさまざまな位置に提示されたテスト刺激の誤定位
図の（　）内の数値は視野内の位置を示し，(0,0) は視野中心，（＋8，＋3）は，視野中心から右8°，上3°の位置を示す。被験者は視野中心の左側4°の位置から，右側4°の位置に向かって8°の大きさのサッカードを行った。
(Honda, 1993, *Vision Research*, 33, 709-716.)

と、たとえばＳＴＳにあるようなニューロンが、一時的に刺激の網膜上の位置を正しく表現できなくなるために生じると主張している。

第四節　視覚情報がサッカード時の誤定位に及ぼす影響

　これまで述べてきた研究は、テスト刺激以外はなにも提示されない完全暗中条件、あるいは注視点やサッカードの目標刺激などごくわずかの視覚刺激しか存在しない条件で行われた。しかし容易に予想されるように、視野内にテスト刺激以外のものが見える条件で実験を行うと、やや異なる結果が得られる。

　暗中で実験を行うと、テスト刺激の提示位置が変わっても、誤定位のパターンにあまり差が見られず、一様に図４・４に示したような結果が得られることが多い。これに対してたとえば日本地図の線画を背景にして実験を行うと、テスト刺激は提示される視野内の位置によって、誤定位のパターンが大きく変化する。図4・7に示したように、テスト刺激が最初の注視点近くに提示されると、サッカードと同じ方向への誤定位が強調され、テスト刺激がサッカードの目標位置近くに提示されると、サッカードと反対方向の誤定位が強調されるようになる（Honda, 1993)。同様の結果は、背景全体を明るくした場合や、窓枠のような輪郭線で画面を囲んだ場合にも示されている（Honda, 1999)。

第五節　サッカードにともなう視野の縮小

ロスらは、被験者が視野中央から左一〇度にある注視点から、右一〇度にある目標刺激に向かってサッカードを行った時に、視野内の三箇所（注視点の左一〇度、注視点と目標刺激の中間すなわち視野中央、および目標刺激の右側一〇度）の位置のいずれかにテスト刺激を提示し、その見かけの位置を報告させた（Ross, Morrone, & Burr, 1997)。その結果、注視点の左一〇度のテスト刺激、および注視点と目標刺激の中間に提示されたテスト刺激は、サッカードと同じ方向にずれた位置に見えることが示された。これとは反対に、目標刺激の右一〇度に提示されたテスト刺激は、サッカードの反対方向にずれた位置に見えた（図4・8)。この結果は、本田（Honda, 1993）の報告とほぼ一致するが、サッカード目標をはさむ二つの位置における定位の誤りに注目すると、サッカード目標位置付近に提示されたテスト刺激の見かけの位置は、瞬間的にサッカード目標位置に向かってずれることを示唆している。ロスらはこの結果を、サッカード時における視野の縮小（compression）を示すものと考えた。

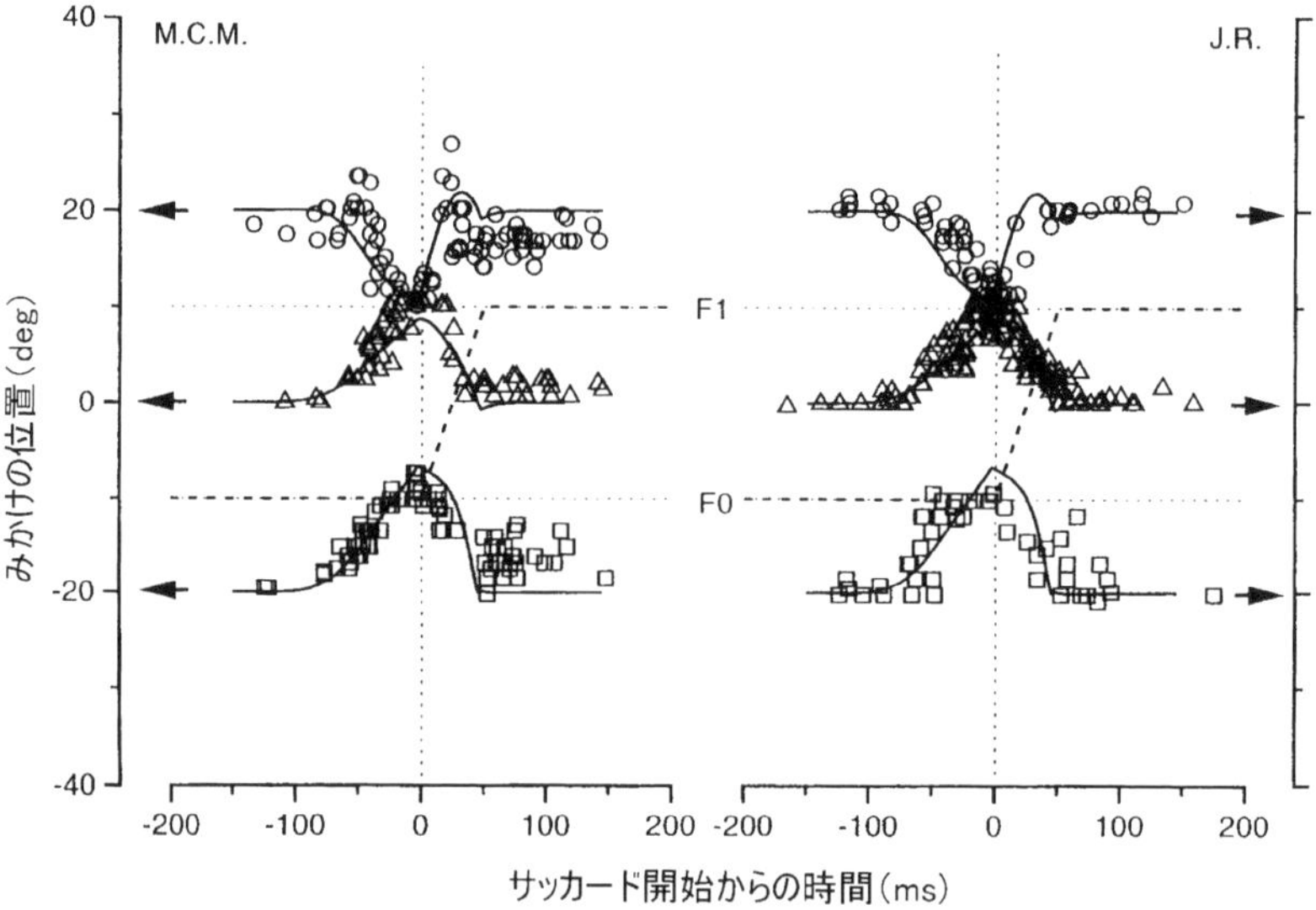

図4.8　サッカード時に提示されたバー刺激の見かけの位置

図中の△，□，○はそれぞれ視野中央0°，左20°，および右20°に提示されたバー刺激の見かけの位置を示す。F0とF1は最初の注視点とサッカードの目標位置を示す。横軸はバー刺激が提示されたタイミングで，0はサッカードの開始時点，マイナスはサッカード開始前を示す。2人の被験者（MCMとJR）のデータ。(Ross, Morrone, & Burr, 1997, *Nature*, 386, 598-601.)

ロスらはさらに別の実験で、等間隔に並んだ最大四本の線分刺激をサッカード目標位置近くに提示し、その本数を報告させた。その結果、線分がサッカードの開始時点で提示されると、実際に提示された線分の本数にかかわらず、被験者は一本しか見えなかったと報告した。この実験結果も、サッカードの生起時には視野の縮小が生じることを示していると解釈される。

ロスらの知見は、サッカード時に生じる興味深い視覚現象として注目される。ただし、このような現象（視野の縮小）が生じることについては、すでに一九七〇年代の研究でその可能性が指摘されていた（Kennard, Hartmann, Kraft, & Glaser, 1971）。ロスらが報告したサッカード時の視野縮小現象については、その後いくつかの研究によってさらに詳しく分析された。

サッカード時の誤定位の結果が、テスト刺激が提示される視野上の位置によって異なる現象は、本田（Honda, 1993）の実験で示されたように、テスト刺激以外の別の刺激が視野内に見える場合に生じる。ラップらは、このようなテスト刺激以外の刺激（視覚的な準拠枠）を提示するタイミングを操作した実験を行った（Lappe, Awater, & Krekelberg, 2000）。彼らの実験では、準拠枠として、一定間隔の目盛りがついた水平方向のルーラーが用いられたが、視野の縮小現象は、ルーラーがサッカード直後に提示された場合にだけ生じることが示された。このことから彼らは、位置判断に関わるサッカード時の視覚処理においては、もっぱらサッカード後の視覚情報が用いられると推測している。

さらに別の研究では、視野の縮小は、特定の視覚パターンをテスト刺激として用いた場合にのみ生じることが明らかにされている。ロスらの実験では、サッカード方向に並べられた複数の線分刺激が用いられたが、矩形図形をテスト刺激として用いると、視野の縮小は生じない（Matsumiya & Uchikawa, 2001）。ゆえに、サッカード時に生じる視野の縮小現象は、提示される視覚刺激の内容にかなり依存している可能性が高い。

第六節　サッカード時の位置変化の見落とし

先に述べたラップらの実験では、サッカードによって生じる視野の縮小が、サッカード直後に準拠枠（ルーラー）が提示されることによって顕著になることが示された。このことは、サッカード時の誤定位は、サッカード前後に存在する（テスト刺激以外の）視覚刺激によって強く影響を受けることを示唆している。この点に関する有益な情報のいくつかは、サッカード時に生じた視覚的な運動の検出に関する研究から得られている。

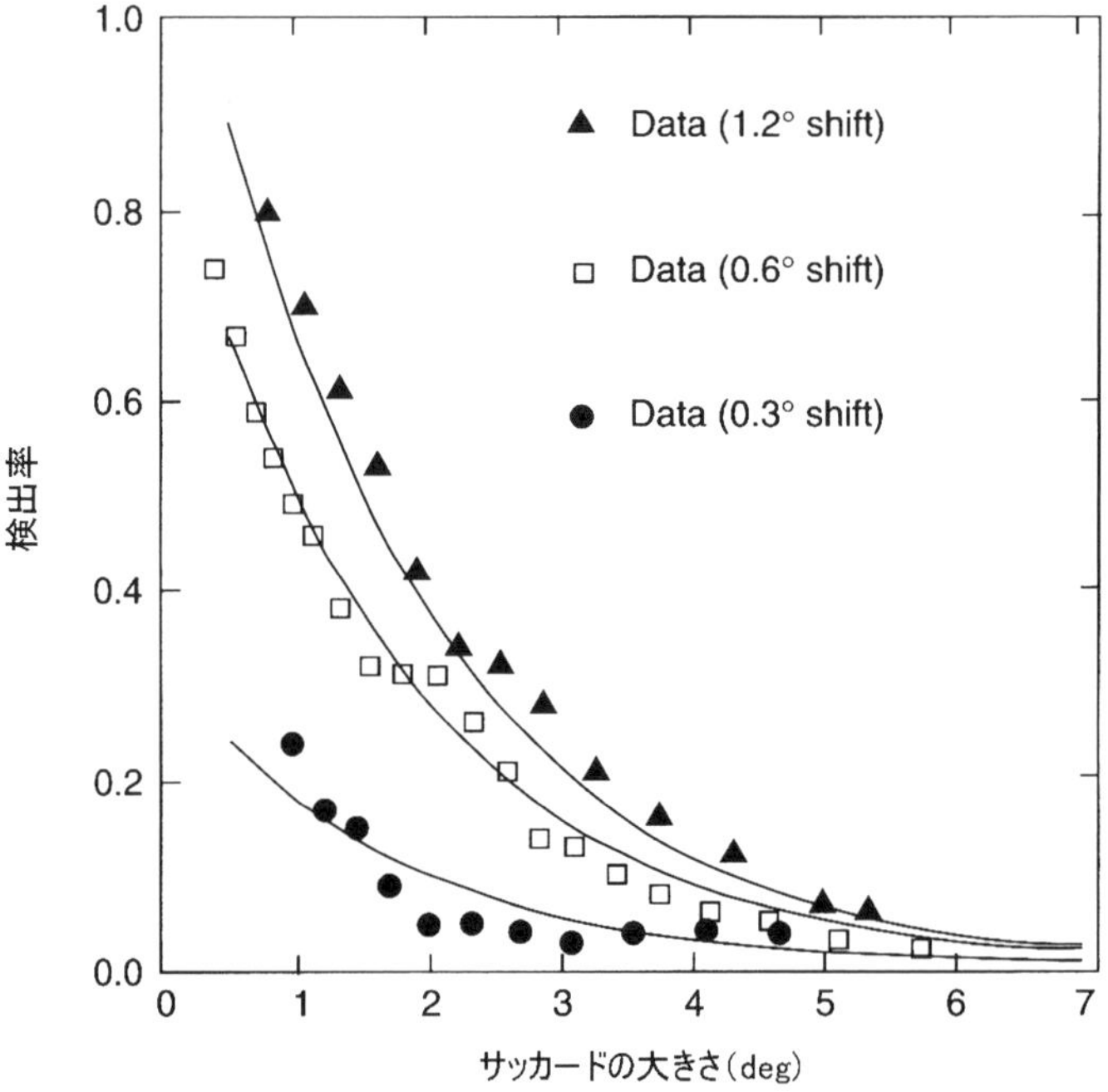

図4.9　被験者の自発的なサッカード時に，観察中の写真が前後左右いずれかに，1.2°（▲），0.6°（□）あるいは0.3°（●）動いた時に，それに気づいた割合を，サッカードの大きさの関数として示す。
（McConkie & Currie, 1996, *Journal of Experimental Psychology: Human Perception and Performance*, 22, 563-581.）

サッカード時には視覚能力が低下することはよく知られているが、そのような現象の一つとして、運動検出能力の低下があげられる。ブリッジマンらは、サッカード時に線分刺激を動かした場合、その動きの大きさがサッカードの大きさ（振幅）のほぼ1／3以下であれば、被験者は線分の動きを検出できなかったと報告している（Bridgeman, Hendrey, & Stark, 1975）。さらに詳細な研究はマッコンキーとカリーによって報告されている（McConkie & Currie, 1996）。彼らは、観察中の写真がサッカード中に動いた場合、どの程度の動きであれば観察者が気づくかを調べた。写真の動きの検出能力は、サッカードの大きさとともに低下し（図4・9）、サッカードの大きさの一〇％の大きさの動きは、試行回数の約1／4で検出されたが、二〇％の大きさの動きであれば、試行回数の約1／2で検出された。

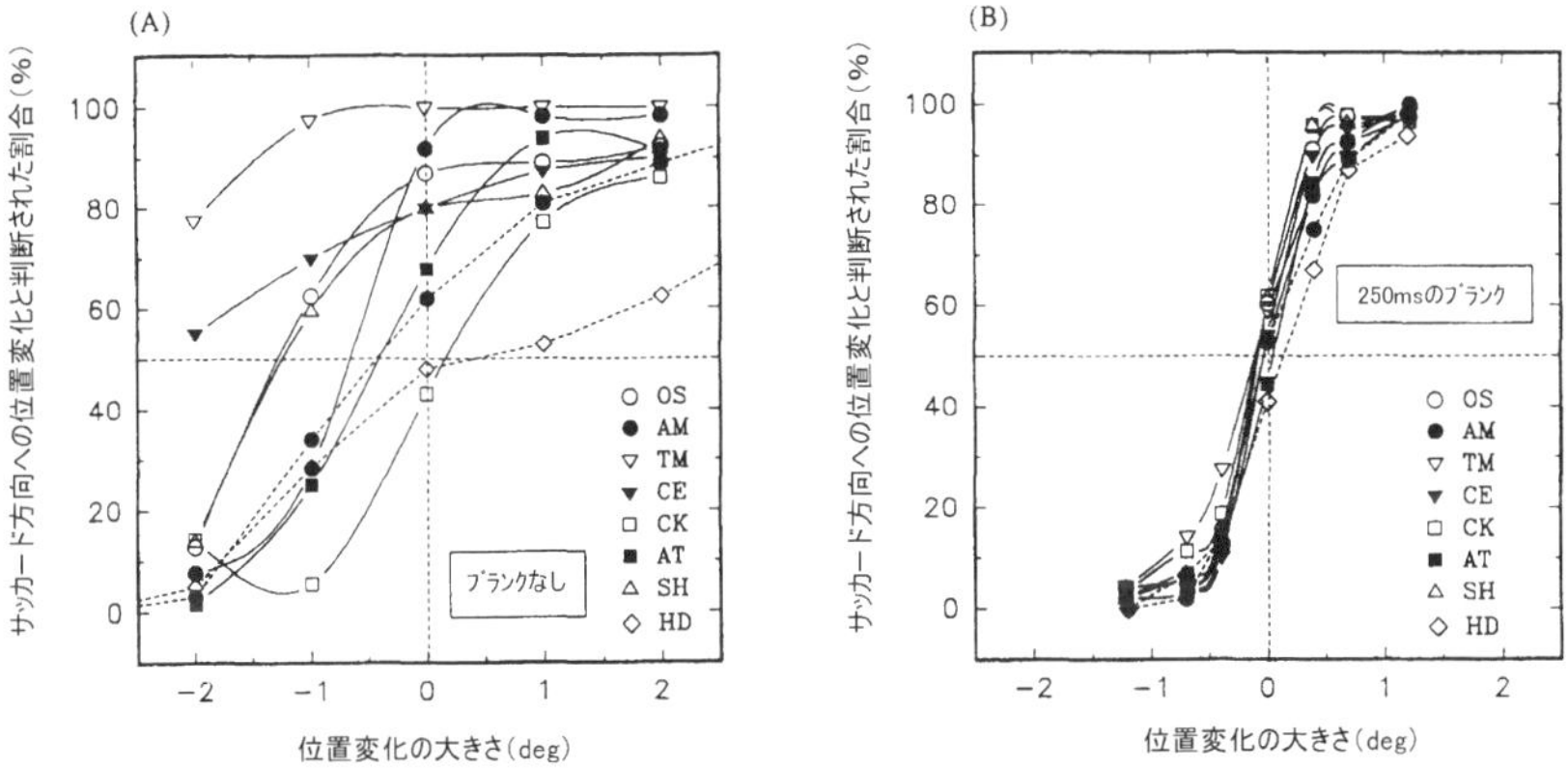

図4.10　サッカード中に動いたターゲットの運動方向の判断

左はターゲットが持続的に提示されていた時，右は250ミリ秒のブランクをおいて再び提示した時の結果。横軸はターゲットの動きで，プラスはサッカードと同じ方向，マイナスはサッカードと反対方向への動きを示す。縦軸は前方（サッカードの同じ方向）への動きと判断された割合。(Deubel, Schneider, & Bridgeman, 1996, *Vision Research*, 36, 985-996.)

これらの研究では、テスト刺激（線分刺激や写真）はサッカードの前後を通して提示され続けていたが、ドイベルらは、テスト刺激をサッカード直後に消すことによって結果が劇的に変わることを示した（Deubel, Schneider, & Bridgeman, 1996）。彼らの実験では、サッカードのターゲット（目標刺激）がサッカード中に位置を変えた。被験者は、ターゲットがサッカードと同じ方向に動いたか、それとも反対方向に動いたかを、強制選択によって答えた。ターゲットがサッカード後も消えずに提示され続けると、被験者はターゲットがサッカード中に動いたことには気づかなかった。これは従来の結果と同じである。しかし、サッカード中にターゲットをいったん消し、サッカードが完了したあとに数百ミリ秒のブランクをおいて再び提示すると、被験者はターゲットの位置変化の方向をきわめて正確に言い当てることができた（図4・10）。

同様の結果はその後の研究でも示された（Deubel, Schneider, & Bridgeman, 1998）。この実験では、サッカードのターゲット提示と同時にその真上に別の刺激（ディストラクタ）が提示された。被験者がターゲットに向かってサッカードを行うと、ターゲットとディストラクタ、あるいはそのいずれかが左右に位置を変え、さらにそのどちらかの刺激が短時間消された。被験者の課題は、ターゲットとディストラクタのどちらが動いたかを報告することだった。その結果、実際はどちらが動いたかにかかわらず、いったん消されたほうの刺激が動いたと判断された。つまり、持続して提示された刺激は静止していると判断された。この実験結果は、日常生活における視覚世界の安定性は、脳が持続的に存在し続ける対象は静止しているとする仮説をもつことによって成り立つことを示唆している。

さらにここで紹介した二つの研究のいずれにおいても、持続的に提示あるいは一時的に消去された刺激は、サッカードのターゲットあるいはその近くに提示されたディストラクタであった。このことは、サッカードの目標位置付近の視覚情報が視野の安定性に大きく関わっている可能性を示唆している。この点に関しては、カリーらによる興味深い研究が報告されている（Currie, McConkie, & Irwin, 2000）。彼らは日常的な光景の写真（約一五度×一一度）を背景刺激として、写真の中の一点（注視点）から別の場所にある対象に向かって水平方向のサッカード（六度）をするように被験者に求めた。サッカード中に、背景全体（すなわち写真全体）か、サッカードのターゲットとなった対象、あるいはターゲットをのぞく背景全体が上下・左右いずれかの方向に二度だけ位置を変えた。被験者は写真の中になにか変化があったかどうかを報告した。その結果、被験者は背景だけの動き、あるいは写真全体の動きよりもサッカードのターゲットとなった対象の位置変化によく気づくことが示された。これらの結果は、サッカード中に生じた位置変化の検出においては、サッカードのターゲットに関する視覚情報が重要であることを示している。

以上に紹介した諸研究の結果をまとめると、次のような結論にいたる。サッカード中に生じた位置の変化は気づきにくい。これはとくに位置を変えた対象がサッカードの前後を通じて見え続けている時に著しい。しかし、サッカード直後にその対象が一時的に消されると、位置の変化に気づきやすい。このことは、位置変化の検出に関わる視覚機能の低下（すなわち位置変化の見落とし）は、サッカード直後にその刺激が見えることによることを示している。位置変化に気づかないということは、視野を安定したものとして知覚していることを示しているとも言える。ゆえに、サッカード直後に与えられる視覚情報は、視野安定に重要な役割を果たしていると考えることができる。ただし、次のことに注意すべきである。位置変化に気づかないということは、位置を正しく知覚していることとは明らかに異なる。むしろ誤って知覚していることである。またこれらの実験では、サッカード直前の視覚情報の役割はあつかわれていない。一方、サッカードの目標付近の視覚情報は、サッカード中に生じた位置変化の検出に特に重要な役割をもっているらしい。ただし、その詳細はまだよくわかっていない。

第五章　視覚世界の安定性を維持する心理学的しくみ

第一節　サッカード抑制

眼を動かしても視覚世界が動いて見えないことに対する有力な説明は相殺説であったが、これに代わるもう一つの説はサッカード抑制説である。この説によると、眼球の動きにともなって網膜像が急速に動くにもかかわらず、視覚世界が安定して感じられるのは、眼を動かすと同時に視覚能力の低下が生じるためであるとされる。

一　サッカード抑制の基本現象

サッカード抑制（saccade suppression）説の歴史は長く、その研究は一九〇〇年代の初頭にはじまる。ホルト（Holt, 1903）は、眼を動かすと網膜像はかすれるはずなのに、なぜ外界が明瞭に見えるのかという問題を取り上げている。彼はその答えとして、眼球を動かした時に残像が見えなくなる事実などをあげて、眼球運動に付随したこのような視覚機能の低下は、眼外筋から生じる神経インパルスによって、視覚がかき消されるために生じると説明した。彼によれば、これはいわば一時的な麻酔作用によるものとされ、この説は中枢麻酔（central anaesthesia）説と呼ばれる。

これに対してドッジは、網膜像のかすれが生じないような適切な刺激条件であれば、眼球運動時であっても外界の対象は見えることから、眼球運動に付随する視覚機能の低下は、かすれた網膜像を無視するといった注意のメカニズムと、眼を動かすたびに生じる新しい注視位置にある視覚刺激からの抑制的な効果によると考えた(Dodge, 1900, 1905)。

ドッジと同様に、ウッドワースもホルトの中枢麻酔説に反対した。彼は眼の動きと同じ速度で対象が動けば、その対象ははっきり見えること、またサッカード時に光点を提示すると光の線になって見えるが、これらの現象はホルトの麻酔説に合わないと述べている（Woodworth, 1960)。

サッカード抑制に関する本格的な研究は、一九六〇年代になって行われた。ヴォルクマン（Volkmann, 1962)は、六度の大きさのサッカードを行った場合の視覚機能の低下について、光点の検出、縞パターンの弁別、単語認知の三種類の課題を用いて検討している。サッカード時に生じる網膜像のかすれを防ぐために、テスト刺激の提示時間は二〇マイクロ秒であった。その結果、いずれの課題でも、サッカード中にテスト刺激が提示されると成績が低下した。さらに、テスト刺激の明るさを段階的に変化させた実験から、サッカード抑制の大きさ（閾値の上昇）は〇・五（log 単位）程度であることが示された。この実験では、サッカード中の網膜像のかすれが生じないように工夫されていたので、サッカード抑制の原因は、網膜像のかすれ以外の要因に求めなければならない。

サッカード抑制はサッカード開始前から生じ、サッカード終了後もしばらく続く。その時間範囲は実験条件によっていくらか変化する。ヴォルクマンの実験では、サッカードの大きさは六度、テスト刺激として比較的広い視野を占める小光点のマトリックス（九度×四度）が用いられた（Volkmann, 1968)。テスト刺激の提示時間は六マイクロ秒であった。この実験では三人の被験者からデータが得られたが、いずれの被験者でもV字型の検出曲

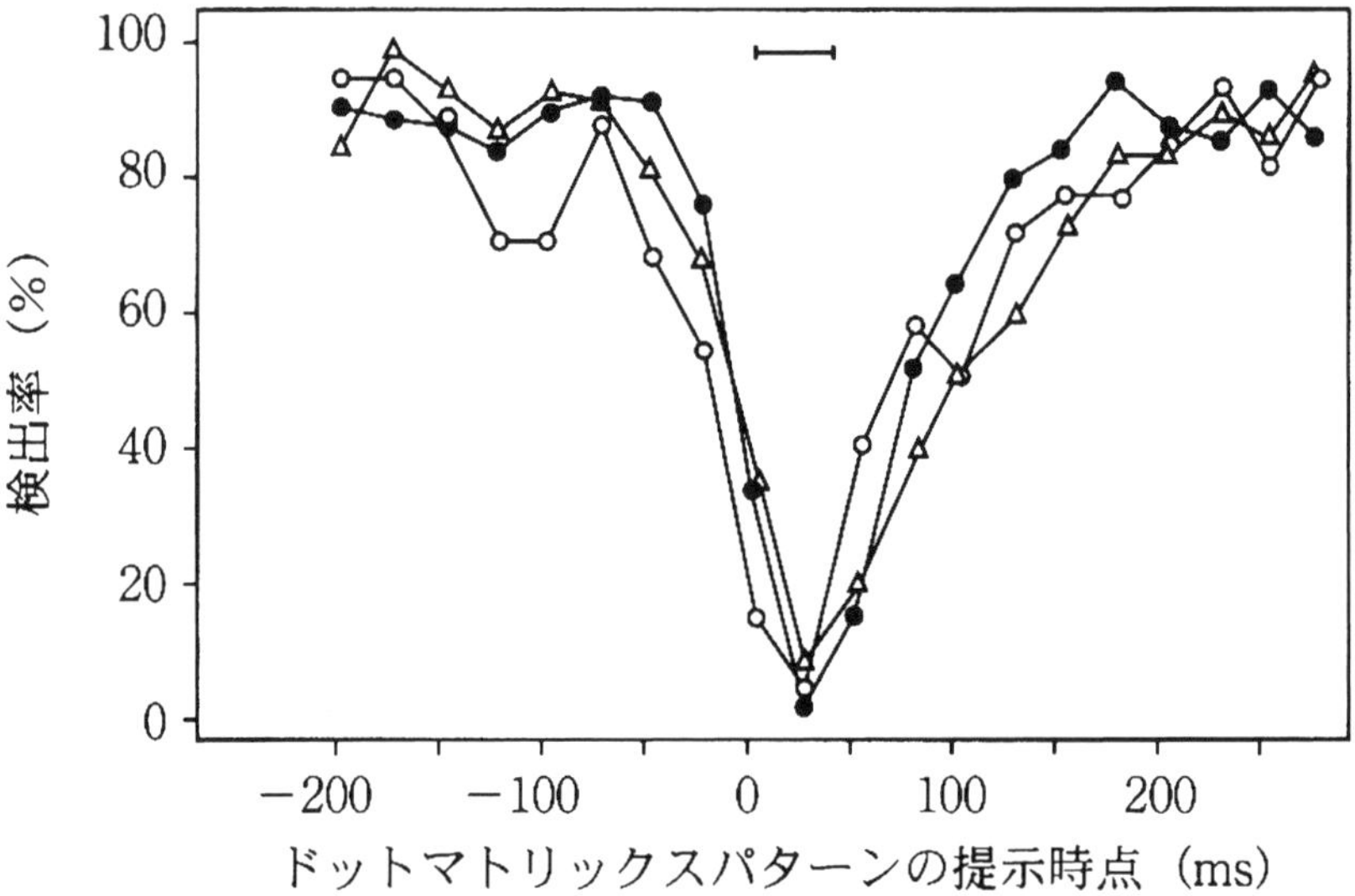

図5.1　サッカード抑制の時間経過

横軸はテスト刺激の提示時点であり，0はサッカード開始時点を示す。サッカードの持続時間は図の中の横線として示されており，約40ミリ秒。縦軸はテスト刺激の検出率を示す。
(Volkmann, Schick, & Riggs, 1968, *Journal of the Optical Society of America*, 58, 562-569.)

線が示され、サッカードの開始二〇ミリ秒前にはテスト刺激の検出率が五〇%まで低下し、サッカード中に検出率は最低となり、サッカード終了後三五ミリ秒で再び五〇%以上の検出率にもどった（図5・1）。

すでに述べたように、サッカード抑制は刺激の検出だけでなく、位置変化（displacement）の知覚においても生じる（第四章第六節）。マックは、被験者が水平方向のサッカード（約一三度）を行った時に、眼の動きに同期させて光点刺激を動かした（Mack, 1970）。光点の動きは、サッカードの大きさの0～2／5までの大きさであった。その結果、光点の動きがサッカードの大きさの1／5以上であれば被験者はその動きに気づいたが、1／10以下の大きさでは光点の動きに気づかず、正答率はチャンスレベルになった。

このような運動の知覚に見られるサッカード

抑制は、サッカードの方向とテスト刺激の運動方向とはあまり関係がないようである。塩入とカヴァナは、被験者が一五度あるいは三〇度の大きさのサッカードを水平あるいは垂直方向にした時に、広い視野を占めるドット・マトリックス刺激を左右あるいは上下方向への〇・三度だけ動かし、その動きの検出成績を調べたが、サッカードの方向やテスト刺激の運動方向とは無関係にほぼ同様のサッカード抑制が観察されたと報告している（Shioiri & Cavanagh, 1989）。

二　サッカード抑制の説明

なぜサッカード時には視覚機能の低下が生じるのだろうか？　サッカード抑制が生じる理由については、これまでいくつかの説明が提案されてきた。

中枢麻酔説　すでに述べたように、ホルトによると、サッカードが生じると視覚は眼筋から生じる神経インパルスによってかき消される。この説は中枢麻酔説と呼ばれる（Holt, 1903）。この説は、リッカード中でも視覚は機能しているとする研究によって否定されてきた。

眼球変形説（shear hypothesis）　リチャーズは、眼球を外部から軽く叩くことによって眼球が受動的に動かされた時にテスト刺激を提示し、その検出閾値を、能動的に眼球を動かした場合と比較した。その結果、両者の閾値にほとんど違いがなかった。このことから、サッカード抑制は、眼球の急速な動きによって生じるなんらかの物理的原因、たとえば硝子体の形状変化による網膜への圧迫などによって生じるとする説を提案している（Richards, 1968）。彼によれば、サッカード抑制が眼球運動の開始前から生じるのは、刺激を提示してから網膜の神経節細胞が活性化するまでには数十ミリ秒の時間がかかるためだとされる。ただし、彼の説に対しては反論も多い。たとえばスティヴンスらは、一六度のサッカードと三二度のサッカードをした時、両者のサッカード抑制の大きさの差異と、眼球に加わる力の差異に比べ、サッカード抑制の大きさにはほとんど差がないことから、リチャーズの説明を否定している（Stevens, Volkmann, Kelly, & Riggs, 1986）。

網膜像運動説　マッケイは、サッカードによる網膜像の急速な動き自体が、視覚系の活動になんらかの影響を与え、これがサッカード抑制の原因であると考えた（MacKay, 1970）。もしこの考えが正しければ、サッカードを行わなくても、網膜像を動かしただけで、視覚機能の低下が認められるはずである。そこで、被験者が一点を固視している状態で、直径一〇度の円型の均質な背景視野を水平方向に三・二度急速に動かし、背景視野の動き出す時点前後のさまざまな時点でテスト刺激（直径二度の光点）を提示し、その検出成績を検討した。その結果、検出率の低下は背景が動き出す前から始まり、四〇〜八〇ミリ秒程度続くことが確かめられた。この検出率低下の時間的経過は、サッカードを行った場合のそれによく似ていたことから、マッケイは、これら二つの現象は同じメカニズムによって生じていると結論している。しかし、網膜像のかすれが最小になるように設定された実験でもなおサッカード抑制が観察されることは、この説では説明できない。

視覚マスキング説　キャンベルとワーツは、二〇度〜三〇度のサッカードをした時に、テスト刺激として一〇〇〇ヘルツのフラッシュ光をさまざまな長さ（提示時間）で提示し、それがどのように見えるかを被験者に報告させた（Campbell & Wurtz, 1978）。テスト刺激をサッカード開始後に提示すると、テスト刺激の提示時間がサッカードの持続時間（五〇〜七〇ミリ秒）内であると、全ての被験者が、テスト刺激がかすれるのを観察した。しかしテスト刺激の提示時間を長くしていくと、テスト刺激のかすれはしだいに消失し、サッカード終了後四〇ミリ秒では完全に明瞭なテスト刺激が見えた。この結果は、サッカード中のテスト刺激のかすれは、サッカード後の明瞭な網膜像によって遮蔽（マスク）されたことを示唆している。明瞭な網膜像はサッカードが開始される前にも存在するので、サッカード中に生じるかすれた網膜像は、サッカード前後の明瞭な網膜像によってマスキングされる可能性がある。キャンベルとワーツによれば、サッカード時に生じるかすれた映像が見えないのは、このような視覚的なマスキングによるのであり、この説明は、光点などをテスト刺激とした場合に観察されるサッカード抑制にも当てはまる。なお、あとで述べるように、同様の知見はマティンらも報告している（Matin, Clymer, & Mation, 1972）（第五章第三節一）。

中枢からの抑制説　サッカード抑制に関する初期の研究であるヴォルクマンの実験では、等質視野上にテスト刺激が二〇マイクロ秒だけ提示された（Volkmann, 1962）。このような条件では、サッカードにともなう網膜像のかすれや、視覚マスキングの効果は考えにくい。それゆえ、サッカード抑制は中枢からのなんらかの抑制が働いた結果生じたと解釈される。サッカード抑制がサッカード開始前から生じていることも中枢説に有利である。

サッカード抑制が網膜像のかすれなどの眼光学的な理由によって生じるものではないことを示した研究として、閃光（phosphenes）や残像をテスト刺激として用いたサッカード抑制の研究がある。リッグスらは、サッカード時に眼窩上下部位に電気パルス刺激を与えて閃光を作り出し、その知覚閾値を眼球を静止した条件での閾値と比較したところ、サッカード時には閾値が上昇することを見出した（Riggs, Merton, & Morton, 1974）。またケンナードらは、直径三度の円形の残像を作り、それがサッカードをした時にどのように見えるかを、被験者に三段階（明瞭／ぼけた輪郭／見えない）で報告させた。二つの固視点の間を随意的にサッカードした時には、一度～〇・五度の小さなサッカードであっても、残像の見えは抑制された（Kennard, Hartmann, Kraft, & Boshes, 1970）。

ただし、中枢説を否定する研究もある。クリコウスキーとレイトンは、被験者の一方の眼（観察眼）の眼筋を麻酔し、動かないようにした上で、もう一方の視覚的に遮蔽された眼でサッカードをさせた。サッカード時に観察眼のほうにテスト刺激（縞パターン）を提示し、その検出閾を調べたところ、サッカードを行わない時と比べて閾値に差はなかった（Kulikowski & Leighton, 1977）。つまり、サッカード抑制は認められなかった。さらに、麻酔が覚めてきて眼が動くようになるにつれて、サッカード抑制が生じるようになった。このことから彼らは、サッカード抑制は、中枢からの抑制ではなく、急速な網膜像の動き、あるいは眼球の急激な動きなどによって生じるのではないかと述べている。

三　サッカード抑制の神経学的基盤

最近の研究では、網膜から視覚野にいたる視覚経路をM経路（magno pathway）とP経路（parvo pathway）に分けて考えることが多い。M経路は網膜から外側膝状体の大細胞層を経て第一次視覚野に投射する経路であり、P経路は外側膝状体の小細胞層を経て第一次視覚野に投射する経路である。網膜神経節細胞の八〇％はP経路に、一〇％はM経路に投射する。網膜レベルにおいて、M細胞はP細胞よりもコントラスト利得が高く、コントラスト閾値が低い。またM細胞は反応潜時が短い。この関係は膝状体および第一次視覚野でも保たれている。一般に高い時間周波数で低い空間周波数の情報、すなわち高速の運動はM経路で伝達されると考えられる。かつM経路はMT野に投射する（Van Essen, Andersen, & Felleman, 1992）。

バーらは、サッカード抑制はM経路に特有な現象であることを示す証拠を提示している（Burr, Morrone, & Ross, 1994）。彼らは、水平方向のサッカード時に提示されたモノクロの縞パターンのコントラスト感度を調べた。

縞はサッカードと平行していたので、サッカードによって刺激がかすれて見えることはなかった。サッカードなしの条件におけるコントラスト感度と比較すると、サッカード時においては、とくに低い空間周波数の刺激の場合にコントラスト感度の低下が認められた。これに対して等輝度の色からなる縞パターンを用いた場合には、色コントラスト感度においてサッカード条件と固視条件で違いは見られなかった。さらに、背景に比べて刺激が明るい暗いかを判断する課題と、背景に比べて刺激が赤いか緑色かを判断させる課題を、サッカード条件と固視条件で行ったところ、サッカード中には、色の判断よりも明暗の判断がより低下することが示された。これらの結果からバーらは、サッカード抑制はM経路に特異的に生じる現象であると結論している。バーらの知見は、その後いくつかの研究で支持されている（Uchikawa & Sato, 1995）。

サッカード抑制が視覚系のどのレベルで生じるかは明らかでない。バーらは、サッカードと視覚マスキングを組み合わせた実験を行って、サッカード抑制がマスキングに先行して生じることを示唆する結果を得た（Burr, Morrone, & Ross, 1994）。一方、生理学的研究によれば、視覚マスキングは第一次視覚野のレベルで生じることが知られている（Ohzawa, Sclar, & Freeman, 1982; Sclar, Maunsell, & Lennie, 1990）。これらのことからバーらは、サッカード抑制が第一次視覚野より前のレベル、おそらく外側膝状体のレベルで生じていると推測している。

神経生理学的な領域でも、サッカード抑制の生起機序に関わる研究がいくつか報告されている。まずネコを被験体とした研究から紹介する。ネコの視交叉に電気刺激を与えて外側膝状体の細胞の反応を記録した研究によれば、この部位の神経活動は、ネコが縞パターンを目の前においてサッカードをした時、および、薄暗い照明の元でサッカードを行った時に低下することが示されたが、暗中でサッカードをした時には、神経活動の変化は認められなかった（Noda & Adey, 1974）。またネコの外側膝状体の細胞活動がサッカード状に動く視覚世界によって抑制されることも示されている（Derrington & Felisberti, 1999; Fischer, Schmidt, Stuphom, & Hofmann, 1996）。これらの実験結果は、サッカード抑制が外側膝状体のレベルで生じること、およびその原因は遠心性の信号によるのではなく、視覚情報の変化によるものであることを示唆している。一方、ネコの視床枕では、細胞の半数が視野の動きには反応したが、サッカードによる視野の動きには反応しなかったという報告もある（Sudkamp & Schmidt, 2000）。

次にサルを被験体とした研究について述べる。ロビンソンらは、サルの視床枕細胞の活動が、暗中でサッカードを行った時に抑制されることを報告している（Robinson, McClurkin, Kertzman, & Petersen, 1991）。またサルのMT野およびMST野で、サッカード抑制に関与していると考えられるニューロンが発見されている（Thiele, Henning, Kubischik, & Hoffmann, 2002）。彼らはサルが一点を注視している時に背景刺激を動かす条件（受動条件）と、サルが静止背景の前でサッカードを行う条件（能動条件）において、MT野とMST野の細胞の反応を記録した。その結果、MT野の五一の細胞のうち九個の細胞とMST野の一一六個の細胞のうち三〇個の細胞は、受動条件での網膜像の動きには反応を示したが、能動条件においてサッカードを行ったことによって生じた網膜像の動きには反応を示さなかったか、あるいは弱い反応しか示さなかった。さらにMT野の二〇個の細胞とMST野の三九個の細胞では、受動条件において反応を喚起する網膜像運動の最適方向が、能動条件では逆転することが認められた。サッカードが生じた場合にこれらの細胞においては、互いに反対方向の運動信号が相殺し、結果的に運動知覚の抑制が生じると考えられる。

ヒトを対象とした脳画像研究では、暗中でサッカードをした時にV1、V2、さらには頭頂葉領域の活動が低下することが見出されている（Bodis-Wollner, Bucher, Seelos, Paulus, Reiser, & Oertel, 1997; Bodis-Wollner,

Bucher, & Seelos, 1999)。

四　サッカード抑制と視野の安定

サッカード時の視野の安定がサッカード抑制によって達成されるとする見解は、古くからあった。しかし、サッカード抑制はサッカード時に視覚機能が低下する現象であるため、これによって、サッカード前後の網膜像をどのように視覚空間上でマッチさせるかといった問題に対しては答えられない。

さらに、一言でサッカード抑制と言っても、実は複数の視覚現象が含まれている。このことは、サッカード抑制の生起機序をめぐってさまざまな説明が提案されていることからも明らかである。

ヴォルクマンの実験では、極めて短時間のテスト刺激が用いられた。それゆえ、網膜像のかすれといった要因は排除される。さらに暗中にテスト刺激だけが提示されたので、視覚マスキングによる説明も成り立たない。それゆえ、この研究で示されたサッカード抑制は、なんらかの中枢的なメカニズムによると考えられる。ただし、この場合のサッカード抑制は、つねにテスト刺激が完全に見えなくなるほど強いものではない。

サッカード抑制と視覚マスキングが密接に関連しあっていることも事実である。この問題に関する研究は、サッカード時に生じるテスト刺激のかすれが、視覚マスキングによって見えにくくなることを示しており、必ずしも（かすれのない）テスト刺激の検出閾が高くなることを直接示しているわけではない。ただし、一般的な状況ではサッカード時に網膜像のかすれが生じることは確かなので、視覚マスキングがサッカード時の視野の安定（正確には明瞭な視覚世界の確保）にとって重要な役割を果たしていることは間違いない（第五章第三節）。

第二節　サッカード前後の視覚統合

視線をサッカードで移動した時に、最初の注視でとらえた視覚映像（網膜像）と次の注視でとらえた視覚映像（網膜像）は、サッカードの大きさの分だけずれている。そのため、サッカードの前後では視覚世界のずれが知覚されるはずである。しかし、日常生活でこのようなずれに気づくことはない。すなわち、視覚世界は安定して感じられる。相殺説によれば、このような視覚世界の安定性は、網膜像のずれが眼球位置情報によって相殺されることによって達成される。しかしすでに述べたように、少なくとも実験室で得られたデータは、こうした相殺のしくみがそれほど完璧でないことを示している（第四章）。それにもかかわらず日常生活では視覚世界が安定して見えるのはなぜだろうか？

この問いに関しては、相殺説とは別の観点から、さまざまな実験が行われ、さまざまな説明が提唱されてきた。本節ではそれらの研究について概観する。それらの研究によれば、各注視において形成された網膜像が、ずれることなく瞬時に重ね合わされる形で融合されることはないが、運動情報のようなものであれば、サッカード前後である程度の結合が可能であることや、サッカードの目標位置における視覚処理が促進されることなどが示されている。ただし、このことによって視覚世界の安定性を十分に説明できるわけではない。

一　空間位置の融合仮説

視覚世界の安定性を可能にする心理学的メカニズムを説明する仮説の一つに、空間位置の融合仮説

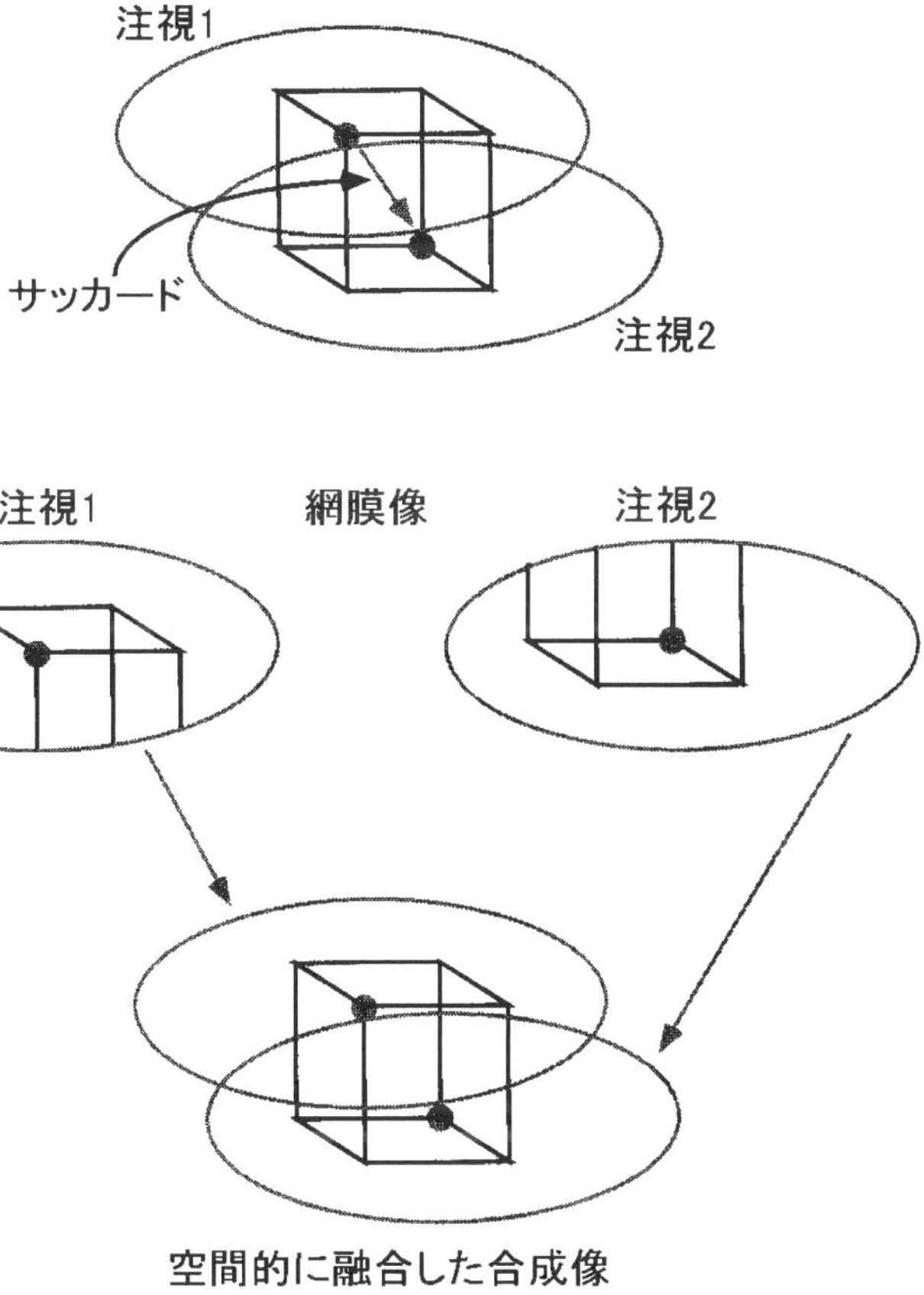

図5.2　空間位置の融合仮説

（spatiotopic fusion hypo-hesis）がある。この仮説によれば、各注視においてとらえられた視覚映像は、連続的なスナップショットとして記憶され、それらが視覚系の初期の段階で重ね合わせられる（融合する）ことによって、単一の視覚世界として知覚される（図5・2）。この仮説はきわめてもっともらしいが、それを明確に支持する実験的証拠は見出されていない。

この仮説を検証した初期の研究は以下のようなものであった（Jonides, Irwin, & Yantis, 1982）。五×五の

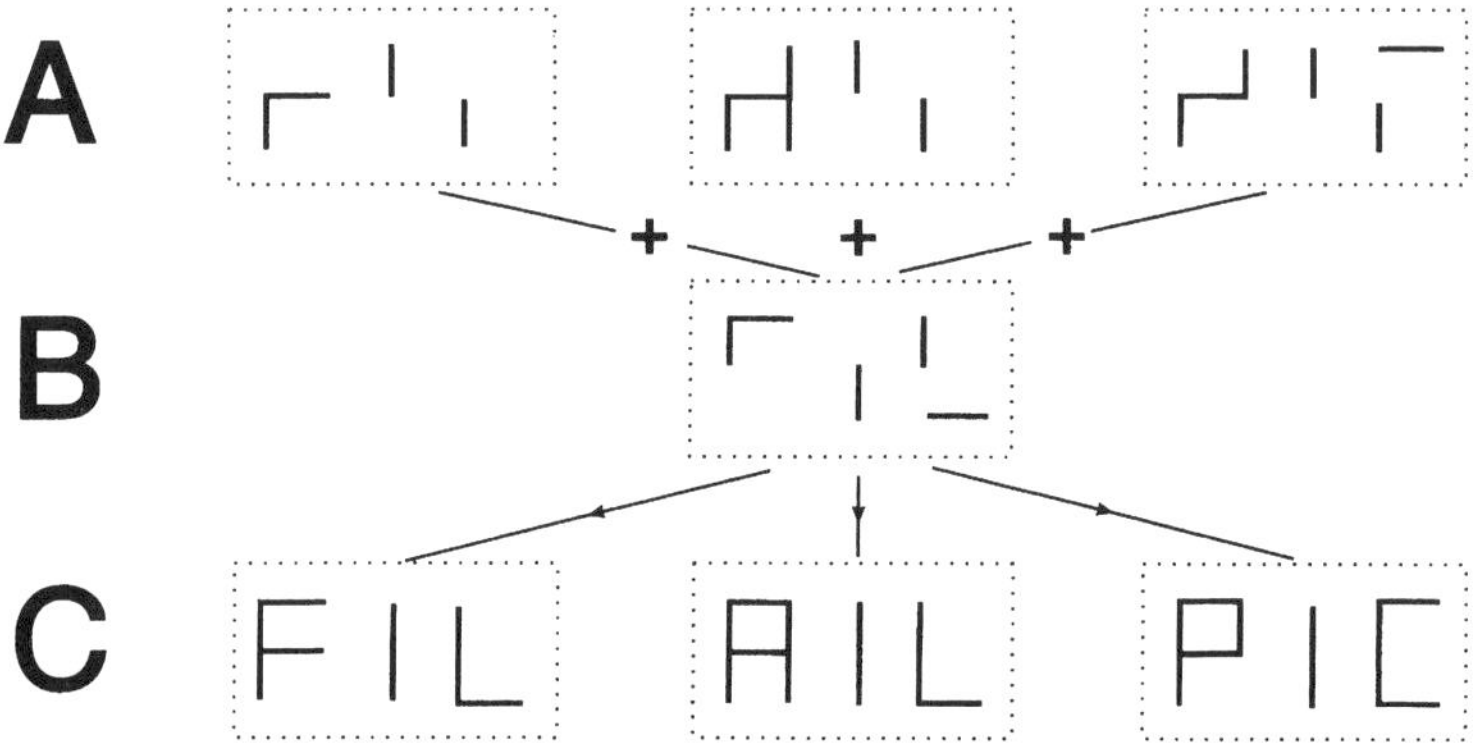

図5.3　O'Reganの実験で使用された刺激

最初のフレーム（A）と2番目のフレーム（B）を重ねると，文字になる（C）。
(O'Regan & Lévy-Schoen, 1983, *Vision Research*, 23, 765-768.)

マトリックス上に、二四個の点からなるドットパタンが二つのフレームに分けて提示された。はじめの一二個は周辺視野に提示され、二番目の一二個は被験者がそのマトリックスに向かってサッカードを行った後で提示された。被験者の課題は、マトリックスの中でドットが提示されなかった場所を報告することであった。この課題で正しく答えるためには、サッカードを挟んで提示された二つのフレームの視覚像を、網膜上ではなく、空間的な座標上で重ねる必要がある。報告によれば、被験者はこの課題に成功した。ゆえに、被験者は、サッカード前後の注視でとらえた二つの視覚映像を空間座標上で融合することができたことになる。

しかし、その後の研究で、この実験結果は方法上のミスによるものであることがわかった。オリガンらはこれとほぼ同様な方法で、融合仮説を検討した（O'Regan & Lévy-Schoen, 1983）。彼の実験ではドットパタンの代わりに線分刺激が用いられた。二つのフレームに分割された画像を、五〇ミリ秒間隔で、サッカードをはさむさまざまなタイミングで瞬間的に（各一ミリ秒）提示した。二つのフレームを重ねると、線分が組み合わさって文字が見えるように工夫されていた。実験の結果、被験者は文字を認知できたのは、二つの画像が網膜上の同じ位置に投射された場合に限られていた。二つのフレームが空間的に同じ位置に提示されたにもかかわらず、サッカードを行ったことによって網膜の異なる位置に投射すると、文字を認識できなかった。この実験は、サッカードを挟んで提示された画像が、網膜上位置の違いにかかわらず、空間座標上で統合されることはないことを示している。

このように、少なくとも単純な図形を視覚刺激に用いた実験では、サッカード前後の視覚情報の融合を示す証拠は得られていない。しかし、刺激の複雑さが増すにつれて、サッカード時に視覚統合が生じる可能性を示す研究も報告されている。

メルチャー（Melcher, 2005）は、視覚順応の方法を用いて、サッカード時の視覚統合について検討した。彼の実験では、複雑さのレベルが異なる四種類の視覚刺激、すなわち、コントラスト刺激、斜線刺激、ドットからなるパターン刺激、顔写真の刺激を用いて、視覚的順応効果の大きさが調べられた。その際、順応刺激とテスト刺激は周辺視野の同じ網膜上位置に提示されるか、あるいはサッカードをはさんで、周辺視野の空間的に同じ位置か、異なる位置に提示された（網膜位置は異なる）。サッカード統合の程度は、順応効果の大きさによって測定された。その結果、順応効果は刺激の複雑さが増すにつれて顕著に現れ、ドットからなるパターン刺激と顔刺激を用いた場合、サッカードをはさんで提示された順応刺激とテスト刺激が、空間的に同じ位置に提示された場合だけでなく、空間的に異なる位置に提示された場合も、かなりの程度の順応効果が示された。これらの結果からメルチャーは、視覚世界の安定性が保たれるためには、以前の研究で調べられたようにサッカード前後のスナップショット（視覚記憶）が厳密に融合される必要はなく、むしろ、視覚刺激の情報の複雑さが増すにつれて、網膜対応的な処理から視線に依存しない空間対応的な処理へと移行する視覚系の構造によるものではないかと述べている。

二　運動知覚のサッカード統合

大域的な運動（global motion）の知覚は、サッカード前後に統合される可能性を示した研究がある。メルチャーとモロンは、閾値下の特殊な運動刺激を用いて、運動知覚のサッカード統合が、サッカードをはさんで提示される二つの運動刺激が空間的に同じ位置に提示された場合、および網膜上の同じ位置に提示された場合のいずれにおいても生じることを示した（Melcher & Morrone, 2003）。彼らの実験では、ランダムな方向に運動するドット刺激が一〇秒間提示され、さらにその中に、水平方向に動く比較的小数のドットが一五〇ミリ秒だけ一回、あるいはさまざまな時間間隔をおいて二回提示された。注視条件で運動刺激が提示された場合（注視位置は、運動刺激の上あるいは下六度）、それが一五〇ミリ秒だけ一回提示されただけでは、運動は知覚されなかったが、二番目の刺激が一秒以内に提示されれば、運動刺激の加算が生じ、被験者は運動を知覚することができた。一方、運動刺激がサッカードをはさんで二回提示された場合、二つの運動刺激が同じ空間位置に提示された場合にも（この時被験者は運動刺激の上から下へサッカードを行った）、同じ網膜位置に提示された場合にも（二つの運動刺激は最初の注視位置とサッカードの目標位置に提示された）、注視条件と同様に、二つの運動刺激の提示間隔が一秒以内であれば、運動を知覚できた。しかし、サッカードをはさんで提示された二つの運動刺激の提示位置が、空間的にも網膜上でも異なっていた場合には、運動を知覚できなかった。

この実験結果は、運動知覚においてサッカード統合が生じる可能性を示唆している。単純なパターン刺激を用いたこれまでの実験では、サッカード統合を示す証拠は得られていない。それゆえ、メルチャーとモロンの実験結果は、視覚系における運動情報とパターン（形態）情報の処理の違いを反映している可能性がある。

三　サッカード間の視覚記憶

サッカード直前に提示された視覚刺激の記憶がサッカード後にどれほど正確に残っているかを調べた研究がある。アーウィンは部分報告法を用いた実験でこの問題を検討している（Irwin, 1992）。彼の実験では、まず被験者が視野中央の注視点を見つめている時に、その右側あるいは左側にサッカードの目標刺激が提示された。それと同時に、六つのアルファベット文字が注視点を囲む二（列）×三（行）のマトリックス位置に、サッカードが開始されるまで提示された。被験者がサッカードを行ったのち、さまざまな遅延時間（四〇〜七五〇ミリ秒）をおいて視覚的な手がかり刺激が提示された。被験者は、手がかり刺激によって示された位置にあった文字を答えるように求められた。その結果、手がかり刺激が提示されるまでの遅延時間の違いは、結果にあまり影響しなかったが、提示する文字数を六個から一〇個（二列×五行）に増やすと、著しく成績が低下した。重要な結果は誤り反応の内容であり、被験者は提示された文字以外の文字を答える誤り（文字配列外の誤り）よりも、実際に提示された文字だが、手がかり刺激で指示されたものではない文字を答える誤り（文字配列内の誤り）を多数おかした。この結果は、サッカードを行った後では、直前に提示された対象がなにかについてはある程度記憶されているが、その対象の位置についてはあまり記憶されないことを示している。

四　プレヴュー効果

周辺視野に提示された刺激は、その後の視覚処理に促進的な効果をもつことが知られている。たとえば、周辺視野に提示された絵の内容を言語的に報告させる課題（命名課題）において、被験者がその絵に向かってサッカードを行っている最中に別の絵に置き換えると、最初の絵と置き換えられた絵の類似性によって命名課題の反応時間は影響を受ける。二つの絵がまったく同じである場合の命名反応時間は、統制条件（周辺視野にまず正方形が提示される条件、それゆえ最初の絵はサッカードの目標位置の意味しかない場合）と比較して一〇〇〜一三〇ミリ秒短かった（Pollatsek, Rayner, & Collins, 1984）。この結果は、サッカード前に周辺視によって絵を見たことによる促進効果を示している。興味深いことに、視覚的に同じ絵でなくても、名前が同じであれば、促進効果が認められた。さらに、二つの絵が異なる名前の場合には反応時間は長くなり、抑制効果が示された。このように、対象を周辺視で観察することによって、その対象の視覚処理は促進され、場合によっては抑制される。このような効果はプレヴュー効果（preview effect）と呼ばれる。なお、プレヴュー効果が視覚的類似ではなく名前が同じこと（すなわち概念的類似）によって影響を受けることは、文字刺激を用いた実験でも示されている。たとえばサッカード中に文字のタイプ（大文字／小文字）を変えても、プレヴュー効果はあまり影響を受けない（Rayner, McConkie, & Zola, 1980）。

ところで、このプレヴュー効果は対象の空間的位置の変化に対してあまり鋭敏でない。ポラツェックらは、周辺視野（五度あるいは一〇度）に横に並べて提示された二つの対象（たとえばピストルとボール）に向かってサッカードを行うように被験者に求めた。サッカードの最中に、二つの対象の一方（たとえばボール）は無意味な図形（チェッカーボードパタン）に変化した。被験者はサッカード後にできるだけ早く、変化しなかった対象の名前（たとえばピストル）を答えるように求められた。この場合、ピストルの位置が変わらない条件と、変わる条件（たとえば、ピストルはボールがあった位置に、無意味図形はピストルがあった位置に提示される）が設定されたが、二つの条件間の反応時間の差はわずかであった（Pollatsek, Rayner, & Henderson, 1990）。

第三節　サッカード前後の視覚情報の役割

一　視覚像のかすれの低減

眼球を動かすと外界の像が網膜上を急速に動くことになる。このため、外界はかすれて見えるはずである。しかし日常生活では、このかすれ（smear あるいは grey-out）はほとんど気づかれない。これは眼が動いた時に一時的に視覚機能が低下するためであると考えることもできる。すなわち狭義のサッカード抑制による説明である。しかし、サッカード抑制自体はそれほど強い現象でなく、サッカード時であっても視覚刺激がある程度強ければ、視覚刺激は知覚できる。

サッカード時に像のかすれが意識されないのは、サッカードの開始前および終了後に明瞭な視覚世界が存在するためであることを示す研究がある。キャンベルとワーツは、暗室内で被験者がサッカードを行った際に、サッカードの開始と同時に一〇〇〇ヘルツのフラッシュ光で室内を照明した（Campbell & Wurtz, 1978）。フラッシュ光の提示時間が五ミリ秒以下（一-五のフラッシュ）の時は、フラッシュ光がサッカード中のどの時点で提示されたかにかかわらず、室内の様子が明瞭に知覚された。フラッシュ光がサッカードの間（五〇〜七〇ミリ秒）提示され続けると、被験者は一様に室内がかすれて見えたと報告した。しかし、フラッシュ光の提示時間をさらに長くして、サッカード後もフラッシュ光を提示し続けると、しだいに室内は明瞭に見えるようになり、フラッシュ光がサッカード終了後四〇ミリ秒まで提示されると、ほとんど一〇〇%、室内は明瞭に見えた。このような効果

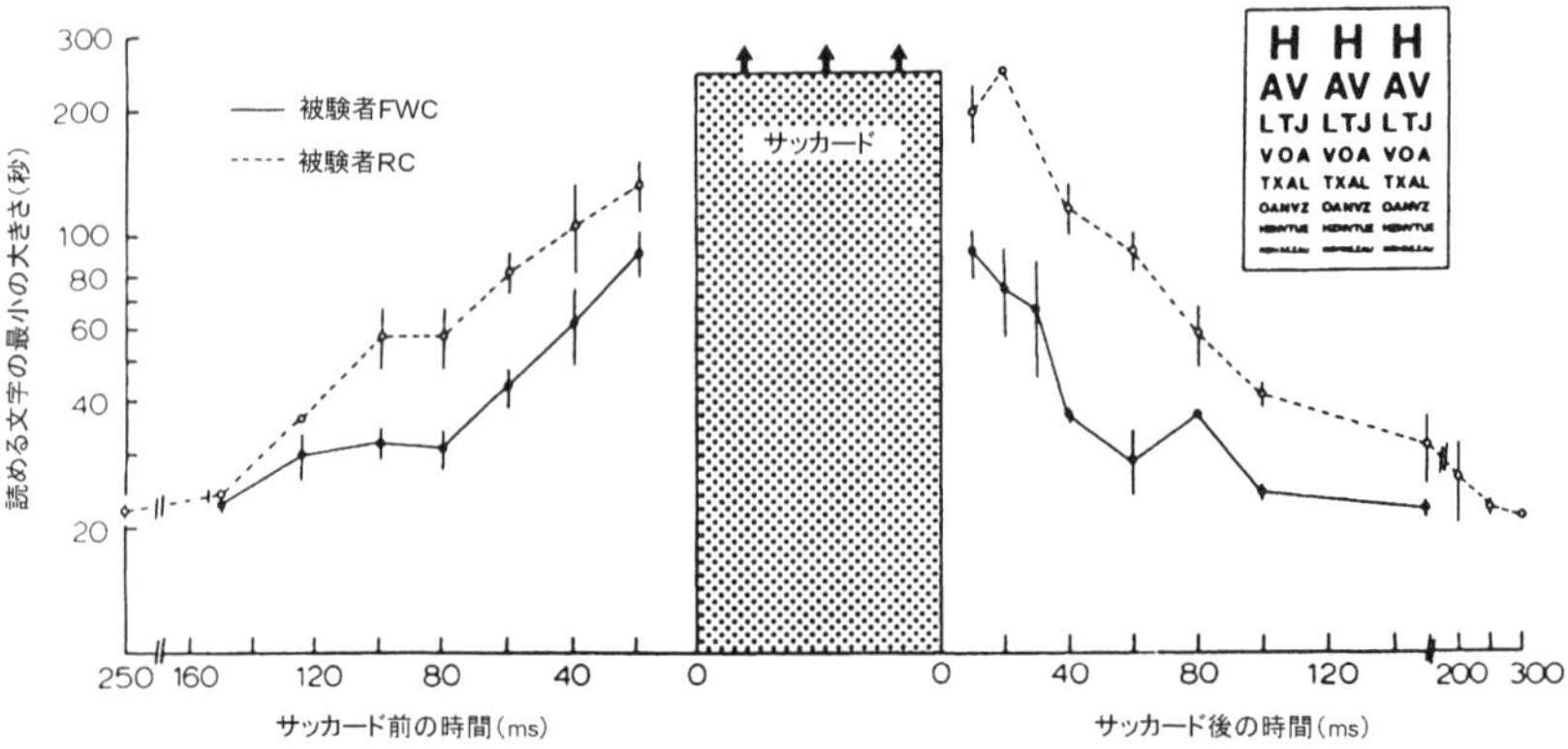

図5.4　サッカード中に生じる視覚像のかすれに及ぼす
サッカード前後の明瞭な視覚像の効果

灰色の領域はサッカードの実行期間（持続時間）を示す。この間に提示された文字刺激はかすれて見えない。縦軸は，文字が認知できた最低の大きさ（認知閾）。横軸は，文字刺激の提示が，サッカードの開始（あるいは終了）時点のどれほど前から，あるいはどれほど後まで提示されたかを示す。(Campbell & Wurtz, 1978, *Vision Research*, 18, 1297-1303.)

はサッカードの大きさ（五度、一〇度、二〇度）にかかわらず認められた。

彼らはさらに、被験者に三〇度の大きさの水平サッカードをさせ、正面の位置（二つの注視点の間）に視力検査用の文字を提示して、視力の変化を調べた。文字がサッカードの間に提示されると、かすれて読むことができなかった。しかし、文字をサッカード開始前から（サッカード終了まで）提示する、あるいはサッカード開始時からサッカード終了時点を越えて提示すると、しだいに文字が読めるようになった。図５・４に示したように、サッカード前後の文字の提示時間が長いほど、文字はよく読めるようになった。彼らはこの結果について、サッカード中に提示された文字はかすれて読めないが、文字がサッカードの前後にも提示されると、これらのサッカード前後に見える文字によってサッカード中に生じた文字のかすれが視覚的にマスキングされ、その結果かすれた文字は知覚されず、サッカード前後に提示された文字だけが明瞭に知覚されることになると説明している。

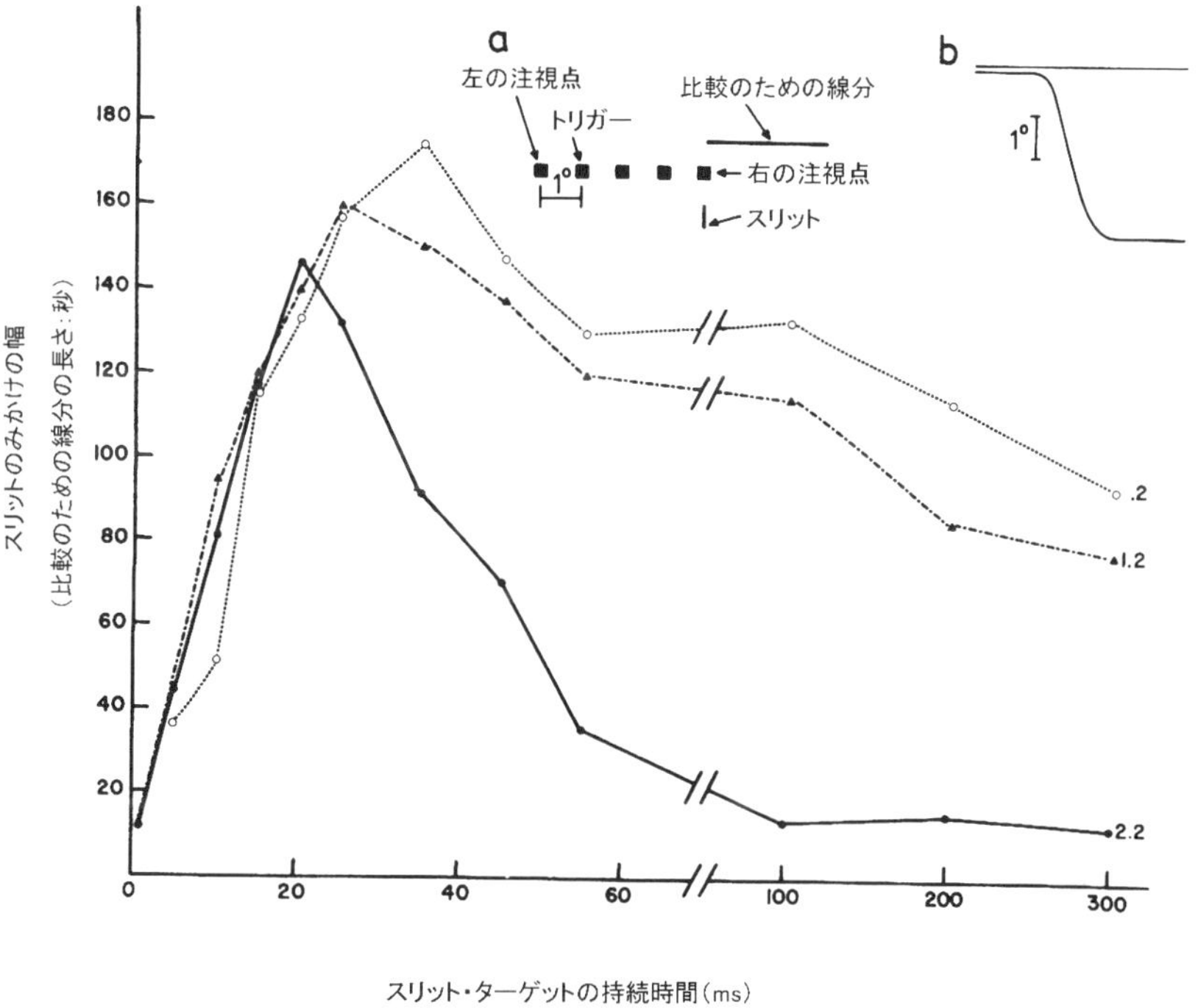

図5.5　幅4°の大きさのサッカードをした時，眼が1°動いた時点で2’の線分刺激を提示した時の線分の見かけの幅の変化

縦軸は見かけの幅。横軸は線分刺激の提示時間。３種類の輝度の刺激を用いた時の結果。
(Matin, Clymer, & Matin, 1982, *Science*, 178, 179-182.)

さらにキャンベルらは、この現象は眼球運動とは無関係に生じる視覚現象であることを示している(Corfiled, Frosdick, & Campbell, 1978)。彼らは、ブランクな視野刺激（二〇度×二五度）を提示する前後に縞パターンを提示し、静止眼でこれを被験者に観察させた。被験者は、ブランク視野の持続時間を調整して、画面がブランク視野によって分割されたようには見えないようにすることを求められた。縞パターンの特性を変えた結果、縞パターンの空間周波数が高いほど被験者が調整したブランク視野の持続時間は長くなった。しかし、縞パターンの輝度変化やその縞が矩形波か正弦波かによる効果は認められなかった。このように、どのような縞パターンであるかにも多少影響されるが、ブランクの存在が知覚されるのは、三五〇ミリ秒程度の持続時間までであり、それより短い場合は知覚されなかった。キャンベルらは、この実験でのブランク視野はサッカードを行った時に生じる像のかすれに相当すると考え、この実験で示された現象によって、サッカード時に像のかすれが気づかれないことを説明できるとしている。

サッカードによって生じる視覚像のかすれが、視覚刺激の提示時間が長くなるにつれて減少することは、類似の方法を用いたマティンらの研究でも報告されている（Matin, Clymer, & Matin, 1982）。彼らは水平サッカードの開始に合わせて短い線分刺激を提示して、その刺激が水平方向にどれだけ引き伸ばされて見えたかを報告させた。その結果、線分の提示時間がサッカードの持続時間の範囲内であれば、線分刺激の提示時間が長くなるにつれて、刺激はサッカード方向に引き伸ばされて見えた（図5・5）。しかし、線分刺激の提示時間がそれ以上になると、反対に線分刺激の見かけの伸張は減少した。この見かけの伸張は、線分刺激がある程度の輝度であれば、線分刺激の提示時間が一〇〇ミリ秒程度になると観察されなくなったが、弱い輝度の場合には、三〇〇ミリ秒以上の提示時間まで認められた。

最近ベーデルとヤングは、マティンらとほぼ同様の方法による実験を行い、視覚刺激の提示時間が長くなるにつれて、サッカード時に見えるかすれが減少することを示している（Bedell & Yang, 2001）。彼らの実験では、サッカード開始と同時に光点刺激をさまざまな提示時間（五〜六四〇ミリ秒）提示し、その見かけの長さ（光点のかすれの長さ）を、最後に提示された横線刺激の長さを調整することで報告させた。その結果、かすれの長さは提示時間が二〇ミリ秒で最大となり、それ以上の提示時間ではしだいに短くなることが示された。この実験と並行して、彼らは統制実験として、被験者が一点を注視している時に光点をほぼサッカード速度に近い速度（二〇〇度／秒）で動かし、その見かけの長さ（移動距離）を報告させた。その結果、光点の網膜上での移動距離が両条件で等しくされた場合であっても、光点の見かけの長さは、統制条件（注視条件）よりもサッカード条件で短くなることが示された。彼らは、この両条件間の差、すなわちサッカード条件における見かけの長さの短縮が、視覚マスキングによってもたらされたのではなく、コロラリー・ディスチャージの働きによるものだと考えている。

二　サッカード時の誤定位と視覚情報

サッカード時にテスト刺激を提示しても、その提示時間が長ければテスト刺激はかすれることなく明瞭に見える。これはサッカード前後にテスト刺激が存在するためであり、それゆえ、サッカード時に生じているはずのかすれが、その前後の視覚刺激によってマスクされるためであると思われる。しかし、サッカード時に生じる視覚現象には視対象のかすれだけでなく、視対象が瞬間的に実際とは異なる位置に見える誤定位（mislocalization）の現象がある。

サッカード時の誤定位は、すでに述べたように、眼球位置信号（コロラリー・ディスチャージ）の時間的な不正確さによると考えられる。暗室で光点が瞬間的に提示されるような実験室場面では、サッカードによる誤定位が生じる。しかし、日常生活場面では、このような誤定位は生じない。その理由は、日常場面には眼を動かした直前および直後の両時点において、明瞭な視覚世界が目の前に存在し、このため、視覚像のかすれだけでなく、誤定位（視対象の位置のずれ）もまた視覚的にマスクされるためであると考えることができる。

しかし、視覚マスキングは、単に視対象を見にくくするだけであり、それ自体、位置のずれを補正する働きはない。そこで、サッカードの前後に視覚情報が存在することによって、視対象の位置判断の正確さはどのような

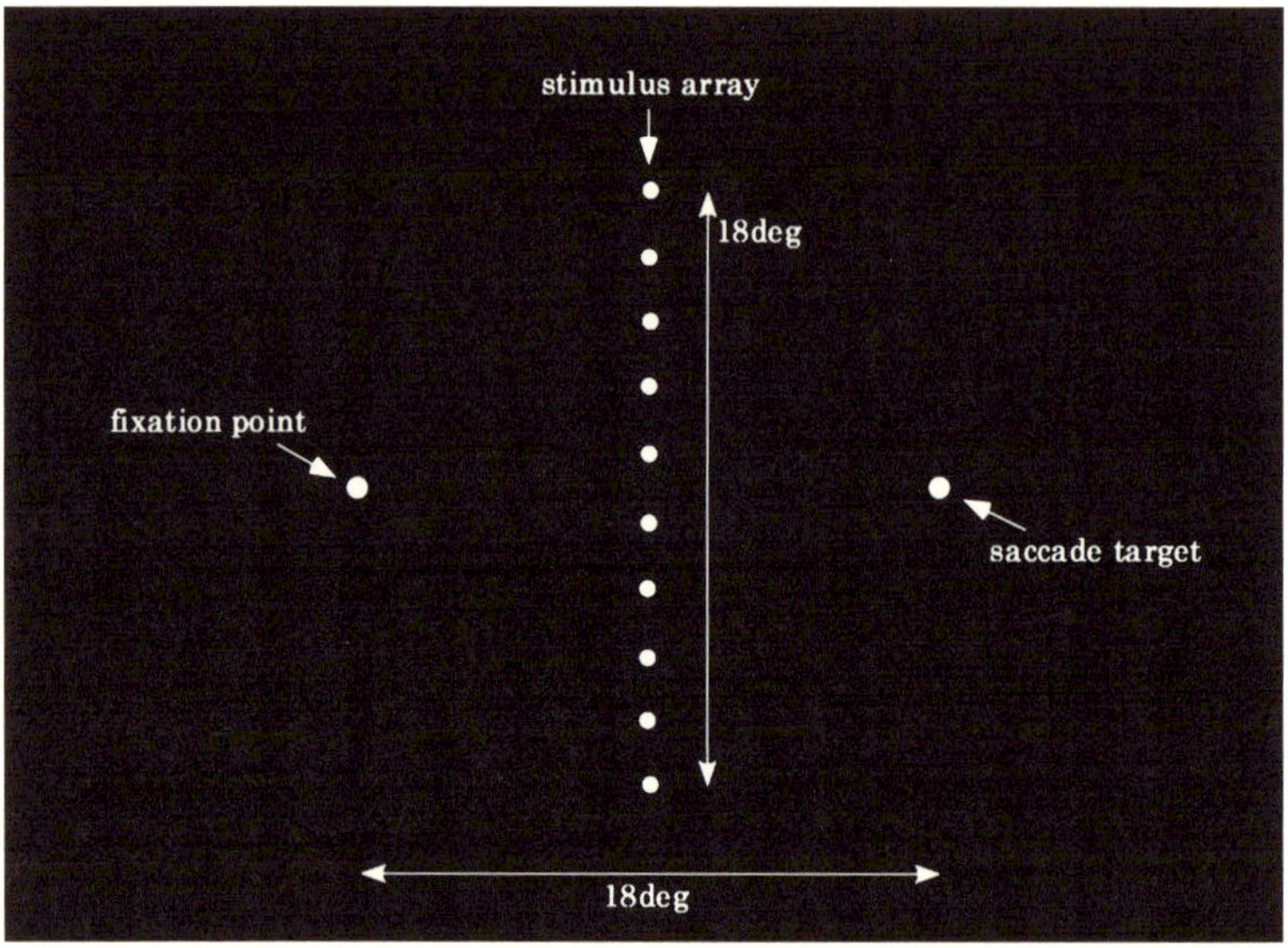

図5.6　サッカード時に提示された光列刺激の見かけの軌道を調べた実験

被験者は視野左の注視点（fixation point）を見つめる。注視点が消えると同時に，視野右側にサッカードの目標刺激（saccade target）が20ミリ秒だけ提示され，被験者はその目標に向かってサッカードを行った（18°の大きさ）。サッカードの前，実行中，後のさまざまな時点で，視野中央に光列刺激（stimulus array）が提示された。光列刺激は一番上の光点から1個ずつ順々に一定の時間だけ点灯した。光点の数，各光点の点灯時間（提示時間）と，先の光点が消えてから次の光点が点灯するまでの時間間隔（ISI）を調整することで，光列全体の提示時間を調整した。被験者は観察された光点の運動軌道を，用意された記録用紙に描くことによって報告した。
(Honda, 2006, *Vision Research*, 46, 3483-3493.)

影響を受けるかを明らかにする必要がある。

本田はこの点を明らかにするために、運動して見える光点刺激をサッカード時に提示し、その見かけの運動の軌道を被験者に報告させた（Honda, 2006）。この実験では、被験者が視野の左側から右側に向かって水平方向のサッカードを行った時に、ちょうどサッカードの中間位置を垂直に横切る位置に、上から下に向かって動く光点を提示した（図5・6）。ただし、実際に動く光点が用いられたわけではなく、多数のLED（発光ダイオード）を縦方向に並べ、それを上から順に瞬間的に発光させる方法が用いられた。被験者には仮現運動によって一個の光点が下方向に動いていくように見える。ＬＥＤの個数と各ＬＥＤの発光時間と時間間隔（ＩＳＩ：inter-stimulus interval）を変化させることによって、光列の持続時間（最初のＬＥＤが発光してから最後のＬＥＤが消えるまでの時間）を調整した。

光列の見かけ運動軌道は、光列が提示されるタイミングとその持続時間によって大きく変化することが示された。図５・７の左は、ごく短い提示時間（三八ミリ秒）の光列刺激が、ちょうどサッカード実行時間に重ねて提示された時の典型的な見え方を示している。サッカードの開始時点では、光列の最初の光点はサッカード方向（右側）に大きくずれた位置に見え、サッカードの終了時点ではサッカード方向とは反対側（左側）にずれた位置に見えた。図の中央は、光列刺激の持続時間をもう少し長くした場合（五二ミリ秒）の典型的な見え方を示している。運動軌道の歪みはやや減少した。図５・７の右は、光列刺激の提示時間をさらに長くした場合（三〇二ミリ秒）の結果を示している。この場合、光列全体の提示時間はサッカードの持続時間をはるかに越えているので、光列はサッカードの開始前から提示され、サッカードの終了後もまだ提示されていることになる。図に示したように、光列の見かけの軌道は、ちょうどサッカードと重なって提示された時点で右側方向への比較的小さなスパイク状の歪みを示しただけで、その他の部分は実際の光点の位置通りに、まっすぐ縦方向に並んで見えた。すなわち、光列のほとんどは実際の位置に見え、たとえ光列の軌道の歪みが観察されても、その程度は小さかった。また被験者によっては、光列の歪みがまったく観察されないこともあった。これらの結果は、提示された光点の数の違いによるものではない。なぜなら、図５・７の左の条件と同じように一〇個のＬＥＤを用いた条件でも、各ＬＥＤの提示時間とＩＳＩを調整して全体の持続時間を長くすると（二七〇ミリ秒）、光列の歪みは図５・７の右に示したものとほとんど同じになることが示されているからである。また図５・８は、歪みの大きさが光

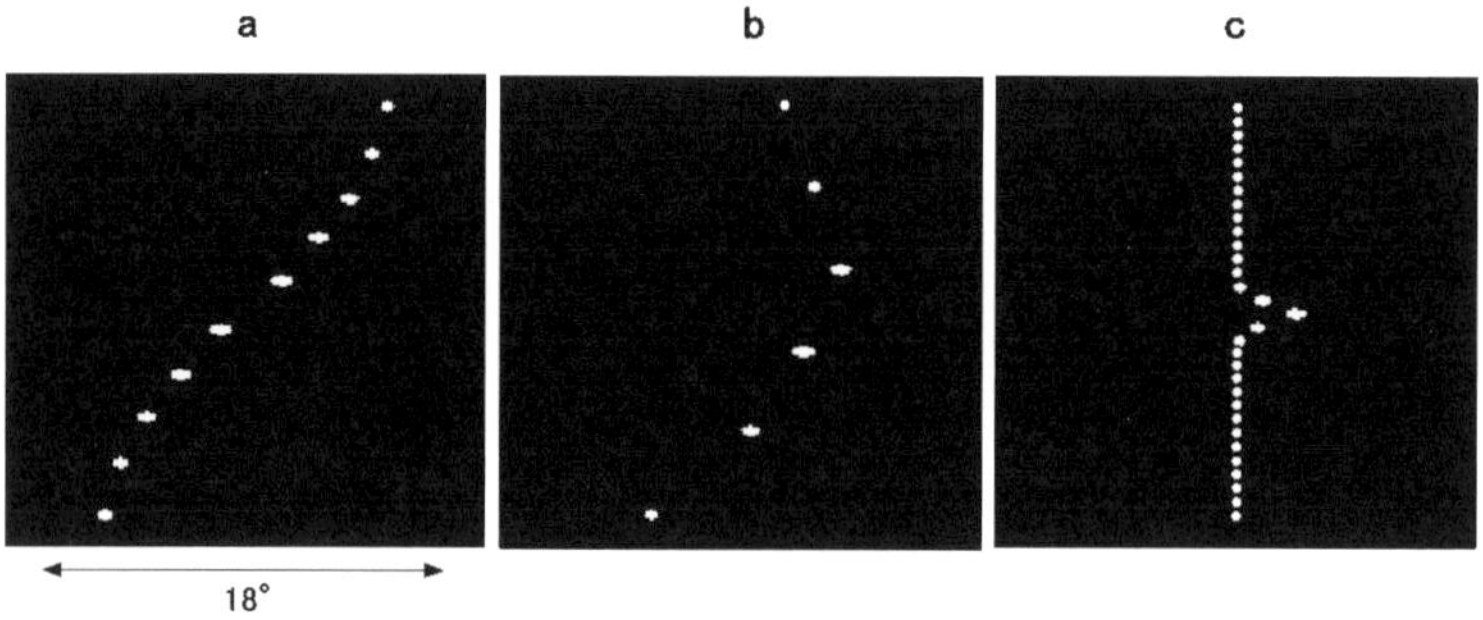

図5.7　光列刺激の見かけの軌道

左（a）：光列の提示時間が38ミリ秒で，光列全体がサッカードの実行中に提示された時の典型的な見え方。中央（b）：光列の提示時間が52ミリ秒の時の典型的な見え方。右（c）：光列の提示時間が302ミリ秒のときの典型的な見え方。光列中央のスパイク状の歪みは，ちょうどサッカードに重なって提示された光点の見えに対応する。

(Honda, 2006, *Vision Research*, 46, 3483-3493.)

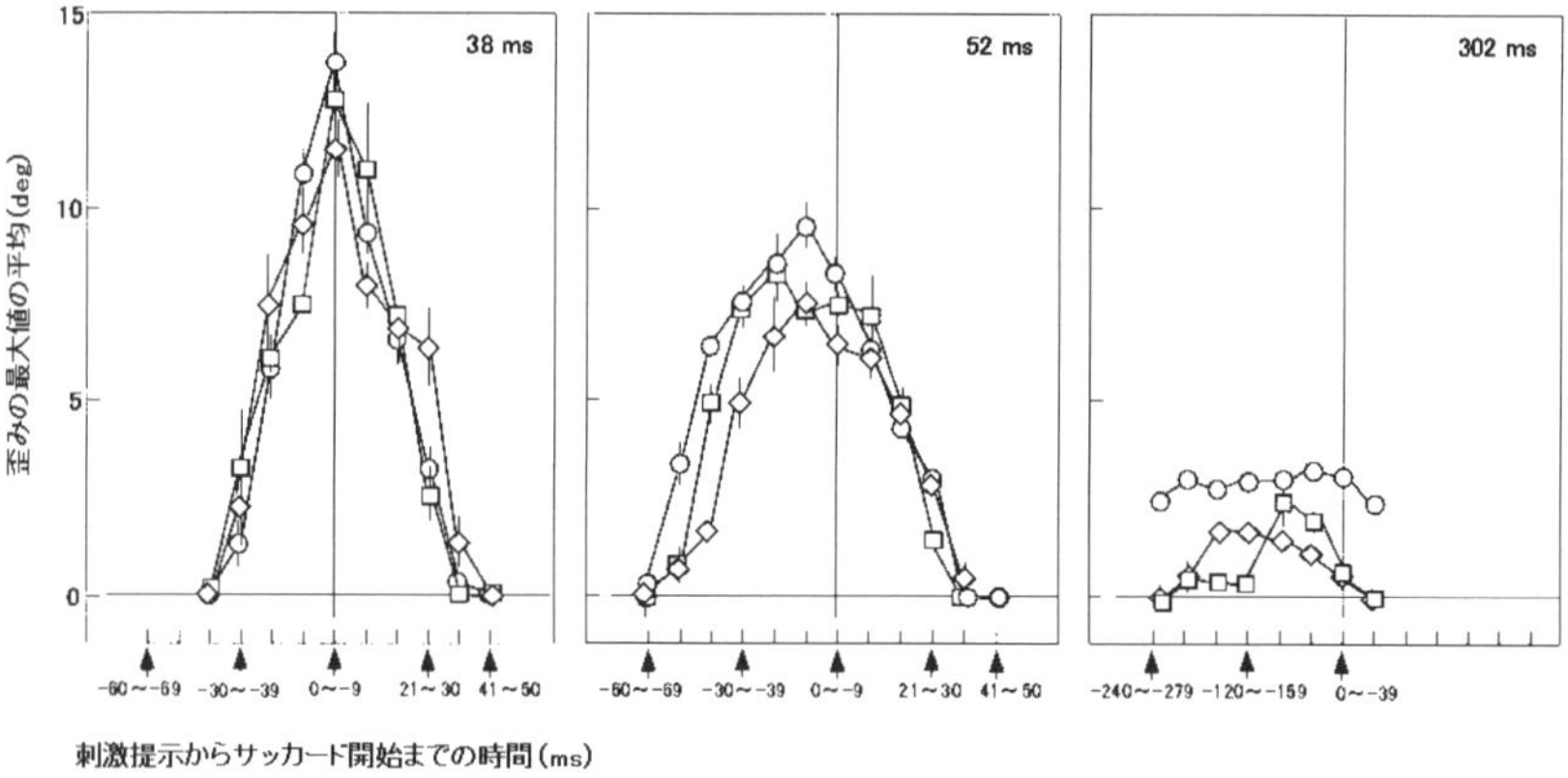

図5.8　3つの光列提示時間条件における光列の歪みの大きさ

横軸は光列の提示タイミングを示し，マイナス符号はサッカード開始前，符号なしはサッカード開始後を示す。たとえば0～-9は，光列の最初の光点がサッカードの開始前0～9ミリ秒の間に提示されたことを示す。縦軸は光列の見かけの歪みの大きさ（もっとも右に見えた光点ともっとも左側に見えた光点の間の距離）であり，単位は視角（°）。パラメータは3人の被験者を示す。

(Honda, 2006, *Vision Research*, 46, 3483-3493.)

列刺激の提示時間と、提示タイミングによって決まることを示した定量的なデータである。見かけの光列の歪みは、全体の提示時間が短いほど、またサッカード生起と重なって提示される場合に大きくなる。

この実験結果は、サッカードに付随する誤定位の減少・消失が、サッカードの前後に視覚情報が存在することによることを示している。なぜなら、歪みが最大になったのは、提示時間が短く（三八ミリ秒）しかも光列全体がサッカードの実行中に提示された時であったが、歪みがほとんど観察されなかった刺激提示時間が三〇二ミリ秒の条件では、サッカード実行の前後の比較的長い時間にわたって、光列刺激が提示されたからである。

以上の実験結果は、サッカードに付随して生じる誤定位が日常生活で観察されないのは、日常生活では実験室状況と異なり、眼を動かす前も眼を動かした後も、静止した視覚世界が存在することによることを示唆している。ただし、この実験では、光列の各光点の提示時間（発光時間）が短く設定されたために、光点のかすれはあまり観察されなかった。このため、サッカード時の網膜像の動きによって生じる観察画像のかすれについては、直接検討することができなかった。そこで、次の実験ではサッカード前後に存在する視覚情報が、サッカード時に生じる視覚映像のかすれにどのように影響するのかを検討した。

実験方法を図5・9に示す。手続きは先の実験とほぼ同様であり、視野中央には二〇個のＬＥＤが縦方向に並べて配置された。先の実験との違いは、これら二〇個のＬＥＤは同時に一定時間だけ点灯されたことである。光列は、サッカードの前、実行中、後のさまざまな時点で提示された。最後に画面の下に数字のついたスケールが提示され、被験者は観察された光列のかすれの左端、および右端の位置を、スケール上の数字で答えた。

この実験では三人の被験者からデータを得た。光列のかすれは光列の提示時間が短い条件で顕著であり、特に提示時間が六〇ミリ秒の条件では光列は横方向（サッカード方向）に帯のように広がって見えた。しかし、光列

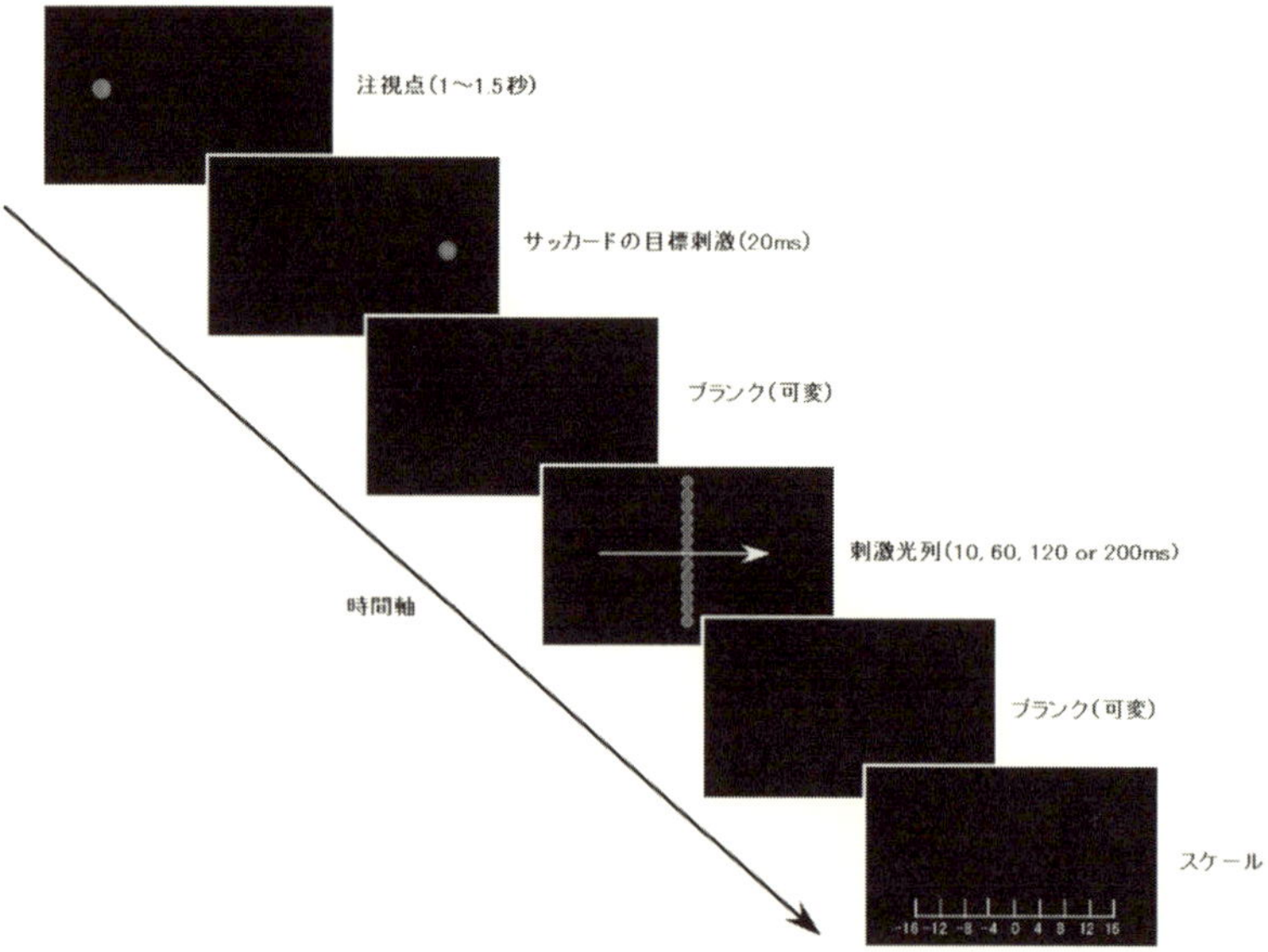

図5.9　実験の流れの模式図

被験者は注視点からサッカード目標に向かってサッカードを行った。サッカード開始の前，サッカード中，サッカード後のさまざまな時点で光列が一定時間提示された。この図ではサッカード時に光列が提示された場合を示している。最後にスケールが提示された。

の提示時間が長くなると、光列のかすれはあまり目立たなくなった。光列の提示時間が長い条件では、たいてい光列はサッカード開始前から提示され、サッカード終了後も提示され続けていた場合が多かった。それゆえ、これらの条件でかすれがあまり観察されなかったのは、サッカード前後に提示されていたこのような光列の視覚像の効果によるものと思われる。

図5・10は、提示時間が六〇、一二〇、二〇〇ミリ秒の条件において、サッカードの実行中のすべての時点で光列が提示されていた試行だけを選び出し、それらの試行において報告されたかすれの幅と位置を、光列刺激のサッカード前における提示時間の関数として示したものである。

図に示したように、かすれの幅は光列刺激の提示時間が長くなるにつれて小さくなった。

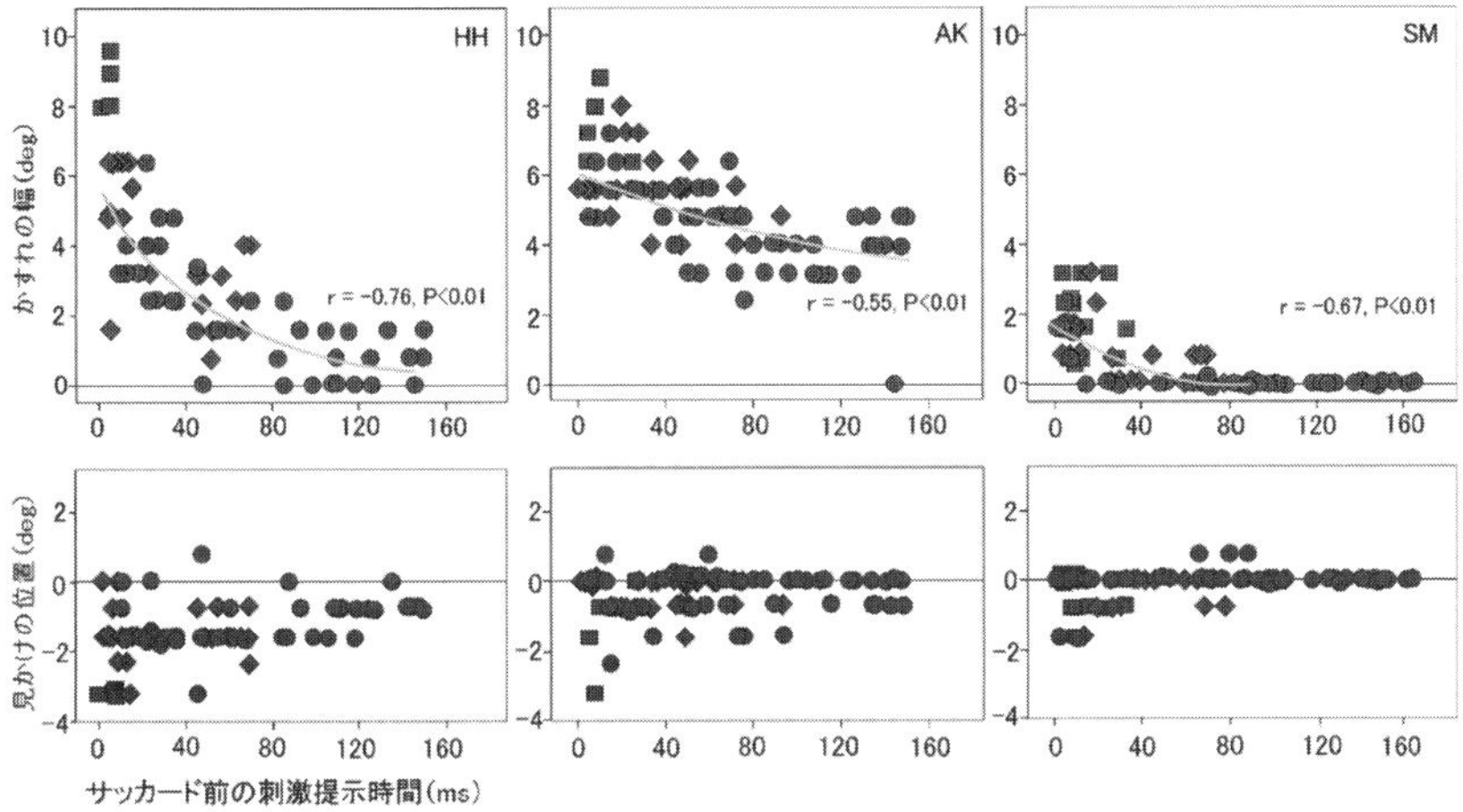

図5.10　サッカード前に提示された刺激の提示時間と
かすれの幅(上)および見かけの位置(下)の関係

3人の被験者のデータを示す。上の図で2人の被験者（HHとSM）では，かすれの幅は，刺激の提示時間が長くなるにつれて小さくなった。もう1人の被験者（AK）でも同様な傾向が見られたが，かすれが完全に消えるにはいたっていない。下の図の縦軸は観察されたかすれの左端の位置を示し，0が実際の位置，マイナスはサッカードと反対方向にずれた位置を示す。刺激の提示時間が長くなるにつれて，見かけの位置は0（実際の位置）に近づき，かつ上の図で示されたように，かすれの幅も小さくなった。

この傾向はとくに二人の被験者で顕著であった。また同時に、光列の見かけの位置も、実際の位置に近くなっていった。しかし、同様の分析をサッカード終了後の光列刺激の提示時間に関して行った場合には、このような結果は得られなかった。すなわち、サッカード終了後の光列の提示時間は、かすれの幅や見かけの位置にほとんど影響をおよぼさなかった。以上の結果から、サッカード前に見える刺激によって、サッカードに付随して観察されるかすれや誤定位は減少あるいは消失するが、サッカード後に見える視覚刺激にはこのような機能がないことがわかる。

以上のことから、視覚世界の安定性の維持にはサッカード前後の視覚情報の存在がきわめて重要であると言える。第四章で述べたように、暗中でサッカード時に瞬間的に提示された光点の位置は大きく誤って知覚される。また光点の提示時間が長ければ、かすれた長い線分のように見える。相殺説に従えば、もし眼球位置情報がサッカード時も正確に眼の動きを視覚中枢に伝えていれば、光点はつねに正しい位置に見えるはずである。実際にはそのようにならないのは、相殺のメカニズムが完全ではないからである。おそらくそのもっとも大きな原因は、眼球位置情報が実際の眼球の動きを正確に反映していないためと考えられる。それにもかかわらず、日常生活では外界が動いて見えない。その理由は、日常生活では実験室状況とは異なり、サッカード前後に静止した明瞭な視覚世界が存在するからであろう。それによって、サッカード時に生じているはずの視覚映像のかすれや位置の変化は見えなくなり、視覚世界は安定して感じられる。その心理学的しくみは、視覚マスキングのような知覚現象かもしれないし、サッカード前後の視覚光景をサッカード中に生じる不鮮明な視覚事象に外挿するといった比較的高次の認知機能が存在するのかもしれない。

第四節　サッカード時の時間知覚

すでに述べたように、ロスらはサッカード時に視覚世界が圧縮されるとする興味深い知見を発表した。彼らは最近さらに、サッカード時には時間も圧縮されて知覚されるとする実験結果を発表している（Morrone, Ross, & Burr, 2005）。彼らの実験では、サッカード開始付近のさまざまな時点で、二つの横長の帯状の視覚刺激（一方は画面の上端、もう一方は画面の下端に）を各八ミリ秒だけ、一〇〇ミリ秒の時間間隔（SOA）をおいて連続的に提示した。その二秒後にふたたび二つの刺激を連続して提示したが、その時間間隔はさまざまであった（八〜二〇〇ミリ秒）。被験者は、最初に提示された二つの刺激の提示間隔と後で提示された二つの刺激の提示間隔を比較し、どちらのペア刺激の時間間隔が長いかを報告した。被験者の報告から、最初のペア刺激の主観的な時間間隔が推定された。その結果、最初のペア刺激の時間間隔は、それらがサッカードの直前に提示された場合に、実際の時間間隔よりも短く知覚されることが示された。この時間の圧縮は、ペア刺激がサッカード開始時点で提示された時に最大であり、その前後の約三〇〇ミリ秒の範囲で認められた。

さらに彼らは、ペア刺激の提示順序を判断させる課題を行っている。ペア刺激の時間間隔が十分に長ければ（七〇ミリ秒以上）、刺激順序は正しく判断されたが、時間間隔が短くなるにつれて、順序判断は不正確になった。時間間隔が短くても、ペア刺激がサッカード生起時点よりも離れた時点で提示されれば、順序判断はほぼ正確になされた。しかし、サッカード直前に提示されると、順序判断は実際の順序と一時的に逆転する現象が見出された。

サッカード直前に時間が圧縮するという知見が報告されている一方で、サッカード直後には時間が長く知覚されることを示した実験も報告されている。ヤローらは、被験者が周辺視野二二度あるいは五五度の位置にある数字（0）に向かってサッカードを開始した瞬間にその数字を1に変え、さまざまな時間（四〇〇～一六〇〇ミリ秒）間隔ののち、その数字を2、3、4と変えた（Yarrow, Haggard, Heal, Brown, & Rothwell, 2001）。2、3、4の表示時間はいずれも一秒であった。被験者は数字1が提示されていた時間が、後続の各数字の提示時間（一秒）と比較して長いかそれとも短いかを答えた。このようにして、サッカードでとらえた数字1が主観的に一秒に感じられる提示時間を求めた。統制条件として、サッカードを行わない試行およびサッカードする代わりに、数字がはじめの注視位置に移動してくる試行も行った。その結果、サッカード時に変化した1の数字の主観的な提示時間は、後続する各数字の提示時間よりも六〇ミリ秒ほど長く感じられることが示された。すなわち、実際は一秒以下であるにもかかわらず、一秒と感じられた。この現象は、時計の秒針に目を向けた時に発見されたことから、chronostasis（時間停止）と呼ばれている。ヤローらによれば、この現象は、サッカード対象が明らかに動いたと気づいた時には観察されないが、サッカード対象と同時にそれとは別の刺激が提示されても影響を受けない。

chronostasis は、サッカードにだけ付随する現象ではないことが報告されている。ヤローとロスウェルは、腕の運動時にも、chronostasis が生じることを示した（Yarrow & Rothwell, 2003）。彼らの実験では、被験者が腕を水平方向に動かし始めた瞬間に、運動目標のボタンが一二〇ヘルツの振動を開始した。この最初の振動は被験者の手がボタンに接したあとも持続し、一定時間をおいて六〇ヘルツの振動（一秒間）と一二〇ヘルツの振動（一秒間）が連続して提示された。被験者は最初の一二〇ヘルツの振動の時間的長さが、あとで提示された一二〇ヘルツの持続時間（一秒）と比較して長いか短いかを答えた。あとで提示された一二〇ヘルツ（一秒間）と同じ長さと判断された最初の一二〇ヘルツの提示時間から、手がボタンに接するまでの時間（腕の運動時間）を差し引いた時間が、主観的に一秒間と同じ長さと判断された時間とされた。その結果、被験者が主観的に一秒と判断した時間は、明らかに一秒よりも短かった。（腕を動かさない統制条件での主観的一秒は九四二ミリ秒であり、これに対して、腕を動かした時の主観的一秒は平均して八二〇〜八五〇ミリ秒であった。）このことは、腕を動かした直後においては、振動のような触覚刺激の提示時間は主観的に実際よりも長く感じられることを示している。このような腕の運動にともなう chronostasis は、触刺激の提示時間の長さ判断においてのみ生じる。振動刺激の代わりに、画面上に提示された色刺激の提示時間を判断させると、chronostasis は認められなかった。このように、chronostasis は、運動効果器と提示刺激の間に対応性がある時に生じるらしい。しかし、いずれの場合も運動実行直後の時間は過大評価されるという点で共通している。これは、運動後の反応を最大にするための準備的なメカニズムを反映しているのかもしれない。

以上のような、サッカードにともなって生じる時間知覚の変化は、MT野およびMST野のニューロンの特徴的な反応特性によって生じるとする研究がある（Ibbotson, crowder, & Price, 2006）。それによれば、視覚刺激に対するMT野、MST野のニューロンの反応潜時は、刺激がサッカード中に提示されると短くなることが示された。たとえば、MT野のニューロンの場合、眼を静止した状態におけるサッカード状に動く視覚刺激に対する平均反応潜時は約六七ミリ秒であったのに対し、サッカード時に提示された静止刺激に対する平均反応潜時は約三〇ミリ秒であった。これによって、サッカードにともなって観察される時間の圧縮や拡大を説明できる。もし第一の刺激がサッカード直前に提示され、第二の刺激がサッカード時に提示されれば、第二の刺激に対する反応潜時は短くなるので、MT野のニューロンにおける二つの刺激に対する反応の間隔は、実際の刺激間隔よりも短くなる。反対に、第一の刺激がサッカード時に提示され、第二の刺激がサッカード後に提示されれば、MT野のニューロンにおける二つの刺激に対する反応の間隔は、実際の間隔よりも長くなる。サッカード時に観察される時間知覚の変化は、このようなMT野のニューロンの反応特性を反映している可能性がある。

このようなサッカード時に生じる時間知覚の変容が、視覚世界の安定性とどのように関わっているのかは今のところ不明である。そのような可能性を探る前に、まずこのような現象がどの程度までサッカードに特有なものなのか、あるいは別の原因（たとえば、サッカードにともなうさまざまな視覚的変化といった副次的な現象）があるのではないかといった問題を解決する必要があるように思われる。

第六章　まとめ

本書では眼球位置信号をめぐる論争と研究の経緯を紹介しつつ、知覚心理学の重要問題である視覚世界の安定性を支える神経学的・心理学的なしくみについて検討した。

視覚世界の安定性を説明するための古くからの説明は相殺説であった。それによれば、眼を動かしても外界が静止して感じられるのは、眼が動くと同時に、眼窩内での眼球の位置（すなわち視線方向）を知らせるなんらかの神経信号が発せられ、それによって網膜像の動きが相殺されるためであるとされる。いわば眼が動いた分だけ、網膜像の動きが補正されるとする説明である。

この神経信号は、眼球の位置を知らせる信号という意味で、一般に眼球位置信号と呼ばれる。研究者の間でまず問題となったのは、この眼球位置信号の発生場所であった。ヘルムホルツやマッハなど多くの研究者は、彼らが行った素朴な実験や臨床事例から、眼球位置信号は脳内の動眼中枢から発せられていると主張した。この説は流出説と呼ばれる。これに対してジェームズやシェリントンは、眼球を動かす眼筋から信号が出ていると主張した。この説は流入説と呼ばれる（第一章）。

このような論争を踏まえて、その後の研究者たちは、眼筋の状態を直接操作する実験や、より洗練された方法で視線方向を変える実験、あるいは眼筋が麻痺した患者や動物を対象としたさまざまな実験を行い、眼球位置信号の発生場所やその視覚行動における役割について調べてきた。しかしながら、これらの研究結果は、いまだに一致を見ていない。おそらくその理由は、実験条件や実験方法の違いによるものと思われるが、そもそも眼球位置信号の発生場所を、中枢レベルと末梢レベルのいずれかであるとする発想そのものに無理があるのかもしれない。ブリッジマンらが主張するように、遠心性の信号と求心性の信号のいずれもが空間定位に関与しているが、相対的に遠心性信号のほうが勝るといった考え方が妥当なのかもしれない。またルイスらが述べているように、サッカードの運動制御はもっぱら遠心性の眼球位置信号にもとづいて決定され、眼筋からの固有受容感覚はあまり関与していないが、より長期的な過程での眼球運動を含む視覚的な空間定位においては、遠心性の眼球位置信号とともに、固有受容感覚によってとらえられた眼球の動きに関する情報（すなわち求心性信号）が深く関わっている可能性がある（第二章）

視覚世界の安定性を支える神経学的基盤に関する研究も精力的に行われてきた。スペリーのコロラリー・ディスチャージに関する研究やホルストのエフェレンツ・コピーに関する研究は、相殺説に限らず、感覚-運動制御に関わる理論的モデルを提示したものとして特記すべきものである。眼球位置信号あるいはコロラリー・ディスチャージの神経学的基盤については、眼筋の緊張状態の変化や視線の変化は脳にどう伝えられるか、脳のニューロンは視線変化に対してどのように反応するか、さらには、サッカードにともなって視覚ニューロンの受容野はどのように変化するかといった研究がなされてきた。これらの研究は、いずれも視覚世界の安定性に関与する神経学的基盤を、間接的ながら明らかにしようとしたものとして高く評価できるが、眼球位置信号あるいはコロラリー・ディスチャージを神経レベルで直接捉えたものではない。その点でワーツらの最近の研究は、コロラリー・ディスチャージの神経表現を具体的に明らかにすることを目指したものとしてきわめて興味深い（第三章）。

眼球位置信号による相殺という考え方は、神経学的にも非常に重要であるが、心理物理学的な研究においては、すくなくとも実験室的には、相殺説によって視覚世界の安定性を説明することには無理があることが明らかにされている。眼球位置信号による相殺が完璧であれば、サッカード時に暗中で瞬間的に提示された光点であっても、その位置を正しく認知できるはずであるが、予測に反して大きな位置判断の誤りが生じることが多くの研究によって示されている。しかも、こうした位置判断の誤りの大きさや方向は、視野の明るさや視野内における他の視覚刺激の存在、あるいは視野内の位置などによって大きく影響を受けることも明らかにされている。このような事実から、日常生活で体験される視覚世界の安定性を支えているのは、眼球位置信号を想定した相殺のしくみだけでなく、知覚心理学的な要因が大きく関わっていることが予想される（第四章）。

そこで本書では最後に、視覚世界の安定性に寄与するいくつかの心理学的しくみについて検討した。眼球を動かす前と後では、網膜に映っている外界の映像にずれが生じる。そこで、このずれた二つの映像を空間上で重ねる操作が必要になる。このリマッピングと呼ばれる操作は、おそらく脳内のどこかで、瞬時に行われるはずであり、その基本的なプロセスは眼球位置信号と網膜からの信号にもとづく相殺のしくみであると思われる。しかし、すでに述べたように、この相殺のしくみはそれほど完璧でない。そのため、観察条件によっては、顕著な視覚映像のかすれや、対象の誤定位が生じる。そこで、これらの不適切な視覚体験が生じないような、補足的なしくみが必要となる。

そのしくみの一つとして、サッカード抑制といった現象が考えられるが、より効果的な心理学的しくみとしては、サッカード前後に存在する明瞭な静止世界による特殊な視覚作用が考えられる。すなわち、サッカード前後に明瞭な静止世界が存在することによって、サッカード時に生じる視覚映像のかすれや対象の誤定位の減少あるいは消滅が生じる。このような現象の基底には、おそらく視覚マスキング、あるいはより高次な認知機能が働いているのかもしれない（第五章）。

以上に述べたように、視覚世界の安定性は、従来考えられてきたように眼球位置信号にもとづく相殺のしくみだけでなく、さらにそれを補足する視覚心理学的なしくみが関わることによって達成されると思われる。このような説明は、一つの原理によって現象を説明するわけではないので、説明の簡潔さに欠ける。そこでできれば、相殺のしくみと補足的な心理学的しくみとを統合するような説明、あるいはそれを可能にするような新たな神経学的基盤が発見されることが望まれる。しかし、眼球位置信号（あるいはコロラリー・ディスチャージ）の神経学的基盤を見つけるのにさえ苦慮している現在においては、それは遠い将来においてのみ可能なのかもしれない。

ひるがえって見れば、このことは、視覚世界の安定性という、一見当たり前のように思える知覚現象でさえ、それを完全に説明するには、まだまだ時間がかかることを示している。はなばなしい科学技術の発展にもかかわらず、私たちは「なぜ眼を動かしても外の世界は静止して見えるのか」といった単純な問題にさえ十分に答えることができないでいる。それを、この分野の研究があまり進んでいないといった学問の進歩の偏りのせいにすることも可能だが、むしろ、私たちの心の世界を解明していくことの難しさを表わしているようにも思われる。

あとがきに代えて

本書は本田仁視先生の遺稿である。

本田先生は、二〇〇八年二月二九日にくも膜下出血で倒れ、一〇〇日ほどの闘病生活ののち、私たちの願いもむなしく、六月一〇日帰らぬ人となった。五九歳だった。

先生は、一九八二年に新潟大学人文学部に赴任された。前任地の東北大学では、脳波などの生理指標を用いて心理・運動機能の左右分化（いわゆるラテラリティ）の研究や睡眠に関する研究を行っていた。本書のテーマである眼球運動と位置の恒常性という問題に取り組み始めるのは、新潟に赴任してからのことである。

その研究成果は、一九八四年の *Quarterly Journal of Experimental Psychology* と *Perception and Psychophysics* への論文掲載を皮切りに、アメリカやイギリスの国際的専門誌に掲載され続けた（最近の論文は *Vision Research* に掲載されたものが多い）。その研究は高い評価を受け、一九八八年六月にはフランスで開催された「注意と行為」の国際シンポジウムに講演者として、日本人として初めて招待されている（これが本田先生の海外発表のデビューであった）。また在外研究として、一九八八年九月から翌年の三月まで、眼球運動の第一人者であるイングランドのダラム大学のフィンドレイのもとで共同研究も行った。これ以後、国内外の学会や研究会などで中心的な存在として活躍し続け、*Journal of Motor Behavior* の編集委員や日本心理学会の編集委員（二〇〇五年から二〇〇七年までは副委員長）も務めた。生前に発表した論文の数は四六編。ほとんどが単著で、しかも英文であった。

先生は、二〇〇七年四月から学部長の任にあった。本書は、公務が多忙で時間がとれないなか、少しずつ書き進められたようだ。私たちは、先生がこの本を執筆なさっていることを知らなかった。遺稿は、亡くなった後の研究室の整理の過程で見つかった。奥様のお話によると、自家版の冊子として研究仲間に配るおつもりだったようである。これまでの研究を概観してみようとのことだったのかもしれない。奥様には、本田先生の手帳のメモから、これが完成原稿であることを確認していただいた。

この遺稿を一冊の本としてお届けできるのは、鷵尾史郎人文学部長のおかげである。鷵尾先生は、この遺稿を学部の研究叢書として出版することを強く勧めてくださった。また、研究推進委員会の先生方には原稿を査読していただいた。知泉書館の小山光夫社長には、図表のレイアウトも含め、丁寧に編集していただいた。厚く感謝申し上げる次第である。

本書の出版は、残された私たちにとって大きな喜びである。本田先生も、きっとどこかで、すまながりながら、喜んでおられるに違いない。

二〇〇九年一月

鈴木光太郎
工藤　信雄

新潟大学人文学部研究叢書の
刊行にあたって

社会が高度化し，複雑化すればするほど，明快な語り口で未来社会を描く智が求められます。しかしその明快さは，地道な，地をはうような研究の蓄積によってしか生まれないでしょう。であれば，わたしたちは，これまで培った知の体系を総結集して，持続可能な社会を模索する協同の船を運航する努力を着実に続けるしかありません。

わたしたち新潟大学人文学部の教員は，これまで様々な研究に取り組む中で，今日の時代が求めている役割を果たすべく努力してきました。このたび刊行にこぎつけた「人文学部研究叢書」シリーズも，このような課題に応えるための一環として位置づけられています。人文学部が蓄積してきた多彩で豊かな研究の実績をふまえつつ，研究の成果を読者に提供することを目ざしています。

人文学部は，人文科学の伝統を継承しながら，21世紀の地球社会をリードしうる先端的研究までを視野におさめた幅広い充実した教育研究を行ってきました。哲学・史学・文学を柱とした人文科学の分野を基盤としながら，文献研究をはじめ実験やフィールドワーク，コンピュータ科学やサブカルチャーの分析を含む新しい研究方法を積極的に取り入れた教育研究拠点としての活動を続けています。

人文学部では，2004年４月に国立大学法人新潟大学となると同時に，四つの基軸となる研究分野を立ち上げました。人間行動研究，環日本海地域研究，テキスト論研究，比較メディア研究です。その具体的な研究成果は，学部の紀要である『人文科学研究』をはじめ各種の報告書や学術雑誌等に公表されつつあります。また活動概要は，人文学部の Web ページ等に随時紹介しております。

このような日常的研究活動のなかで得られた豊かな果実は，大学内はもとより，社会や，さらには世界で共有されることが望ましいでしょう。この叢書が，そのようなものとして広く受け入れられることを心から願っています。

2006年３月

新潟大学人文学部長
芳 井 研 一

本田 仁視（ほんだ・ひとし）

1948年福島県生まれ。東北大学文学部卒業。同大学院文学研究科博士課程中退。博士（文学）。東北大学文学部助手を経て，新潟大学人文学部助手，助教授，教授，2008年逝去。

〔著書〕『眼球運動と空間定位』（風間書房，1994年），『視覚の謎――症例が明かす〈見るしくみ〉』（福村出版，1998年），『意識／無意識のサイエンス――症例と実験による心の解剖』（福村出版，2000年）他。

〔訳書〕キャンベル『認知障害者の心の風景』（福村出版，1995年），マッカーシー&ワリントン『認知神経心理学』（監訳，医学書院，1996年），フィンドレイ&ギルクリスト『アクティヴ・ビジョン――眼球運動の心理・神経科学』（監訳，北大路書房，2006年）他。

〔論文〕Perceptual localization of visual stimuli flashed during saccades (*Perception and Psychophysics*, 1989, 45, 162-174), Modification of saccade-contingent visual mislocalization by the presence of a visual frame of reference (*Vision Research*, 1999, 39, 51-57), Achievement of transsaccadic visual stability using presaccadic and postsaccadic visual information (*Vision Research*, 2006, 46, 3483-3493) 他。


〈新潟大学人文学部研究叢書 4〉

〔視覚世界はなぜ安定して見えるのか〕　ISBN978-4-86285-052-2

2009年 2 月25日　第1刷印刷
2009年 2 月28日　第1刷発行

著　者　本 田 仁 視
発行者　小 山 光 夫
印刷者　藤 原 愛 子

発行所　〒113-0033 東京都文京区本郷1-13-2
電話03(3814)6161 振替00120-6-117170
http://www.chisen.co.jp
株式会社 知 泉 書 館

Printed in Japan　印刷・製本／藤原印刷

索　　引

（n は注頁）

数字・アルファベット

7a 野　50,55
chronostasis　→ 時間停止
CRF　→ 古典的な受容野
ex-afference　17-18
FEF　→ 前頭眼野
GABA 拮抗物質　72
ISI　→ 時間間隔
LED　→ 発光ダイオード
LIP　→ 頭頂間溝外側部
MD　→ 視床内背側部
MST 野　50,55-56,89,106,129
MT 野　50,55-56,89,104,106,129
M経路　104-105
PO/V6　→ 頭頂－後頭溝の前壁部
P経路　104
re-afference　17-18
SC　→ 上丘
SD ニューロン　60
SE ニューロン　60-61
SOA　126
STS　→ 上側溝
V1　→ 第一次視覚野
V2　55,64,106
V3　64
V3A　55,64
V4　55-56,64-65
V6　53,67-68
VIP　→ 頭頂間溝腹側部

あ　　行

アーウィン, D.E.　113
アトロピン　19
アブラハムズ, V.C.　49
アリストテレス　9
アンダーセン, R.A.　50-51,55
閾値　99,101,103-104,112
意志的努力（意志的緊張）　7
意志反応　15
位置変化　46,78,93-97,100
色コントラスト　105
ウイルス　45
ウォーカー, M.F.　66
ヴォルクマン, F.C.　99,103,107
ウッドワース, R.S.　99
ヴント, W.　15
運動残効　10
運動視　55
運動指令　6,19,71
運動前野　53
運動の検出　94
エフェレンツ・コピー　17,19-21,61,77,131
遠心性信号　21, 23, 33-34, 36, 47, 106,131
オプティカル・フロー　56
オリガン, J.K.　79-80,110
オルソン, C.R.　41-42

か　　行

カーター, S.　30
外眼筋　6
開散　12n
外挿　126
外側膝状体　104-106
外側翼突筋　36
外直筋　29-30,40,47,49
外転神経核　47
カヴァナ, P.　101
拡大因子　65
仮現運動　121
下後頭溝　51
下斜筋　30

ガスリー, B.L.　43
かすれ　98-99, 102-105, 107, 115-119, 123-126, 132
下直筋　30
下頭頂葉　50
硝子体　101
カリー, C.B.　94, 96
ガレッティ, C.　67-68
『感覚の分析』　12
眼窩　5, 10, 20, 31, 46, 50-51, 53-54, 103, 130
眼外筋　98
眼球位置信号　iv, 11n, 3, 5-8, 15, 20, 22-23, 29-34, 37-41, 44-48, 50, 56-57, 59-61, 70, 77, 79, 81, 86-89, 119, 130-133
眼球変形説　101
眼筋（外眼筋）　6-10, 12-14, 16-17, 23-27, 29-33, 36-51, 59, 61, 72, 101, 104, 130-131, 12n
鉗子　29-32, 12n
眼神経　42-45
関節　14-15, 30
桿体細胞　4
キシロカイン　59
輝度　105, 117-118
機能的 MRI　54, 56
逆行性　71
キャンベル, F.W.　102-103, 115, 117-118
球後ブロック　24, 26-29
弓状溝　51
求心性感覚　14-15
求心性経路遮断　45
求心性信号　23, 31, 33-34, 42, 46-49, 51, 89, 131
強制選択法　31 32
鞏膜　48
筋感覚　16
筋紡錘　36, 46-47, 11n
空間位置の融合仮説　108-109
空間解像度　4
空間座標　110-111
空間周波数　104-105, 117
空間定位　37-38, 131
空間表象　37
矩形波　117
楠真琴　62
クラーメル, E.　78
クラーレ　25-26, 28
クリコウスキー, J.J.　104
グレーフェ, A. von　12
クレッケルバーグ, B.　89
ゲイン　34
ケラー, E.L.　47
ゲルファン, S.　30
腱　14-15, 30, 38
検出率　100, 102
ケンナード, D.W.　103
後根　11n
ゴウシャー, G.M.　35-36
光列　120-125
ゴールドバーグ, M.E.　62
コーンフーバー, H.H.　48
コーンミュラー, A.E.　24-26
固視　47, 102-103, 105
骨格筋　46
誤定位　78-81, 84-91, 93, 119, 123-125, 132
古典的な受容野　65-66
コマーレル, G.　38
固有受容感覚　34, 36, 38, 40, 42-47, 59, 61, 72, 131, 11n
ゴルジ腱器官　36, 47, 11n
コロラリー・ディスチャージ　20-22, 29-31, 71-77, 119, 131-133
コンタクトレンズ　27, 31-32, 35, 47
コントラスト感度　104-105

さ　行

最適運動方向　56
魚　20-21
サクシニルコリン　26, 28
サッカード抑制　27-28, 98-107, 115, 132
差分　85
サル　43-44, 47, 50-59, 61, 64-65, 67, 72-74, 88-89, 106

三叉神経（第５脳神経）　36, 42, 44-45, 49
残像　7-11,17,19-20,98,103
ジー, D.S.　36
ジーベック, R.　25-26
視運動性眼振　12n
視運動性反射　18-19
ジェームズ, W.　14-16,130
シェリントン, C.S.　16-17,130,11n
塩入論　101
視覚世界の圧縮　126-129
視覚世界の安定性　v-vii,3-5,11,50,56, 70,76-77,96,98,108,111,126,129-133
視覚的位置の恒常性　v,4
時間間隔　83,85,112,120-121,126
時間周波数　104
時間知覚　126-129
時間停止　128
時間の圧縮　127,129
視交叉　105
視床　71,76
視床枕　76,106
視床内背側部　71-76
視線方向　10,17,39-40,46,52,55-56,61, 67-68,130
縞パターン　99,104-105,117
斜視　35-41
視野の縮小　91-93
遮蔽　29,33-37,39-40,103-104
重回帰分析　85
周辺視野　4,110-111,113-114,127
主溝　51
シュタインバッハ, M.J.　37-39
受容野　55-59,61-69,131
シュワルツ, D.W.F.　49
準拠枠　93
順行性　71
順応　45,111
上丘　43-44,48-51,54,57,60,66-67,70-76
小細胞層　104
小視症　19
上斜筋　30
上側溝　89-90
上側頭溝　51
上直筋　30
小脳　48-49,51,76
小脳虫部　48-49
触刺激　11,128
神経インパルス　98,101
神経節細胞　101,104
靭帯　14
伸張反射　46-47
振動　128
水晶体　3,1-20
錐体細胞　4
スカヴェンスキー, A.A.　31-32
スターク, L.　33
スティブンス, J.K.　26-29,102
スナップショット（視覚記憶）　109,111
スパイク反応　49
スペリー, R.　17,20-22,131
スミス, D.R.　37-38
正弦波　117
正中線　34
脊髄　11n
脊髄神経終末　47
旋回運動　20-21
閃光　103
前根　11n
潜時　49,66,73,81,85,104,129
前庭系　21,12n
前庭性眼振　42,12n
前庭動眼反射　44,12n
前頭眼野　65-66,71-72,76
前頭葉　71
相殺説　vi-vii,3,5-6,8,23,33,56,60,70, 77-79,86-88,98,108,126,130-132
側頭裂　51

た　行

第２眼位　16,12n
第４脳神経　49
大域的な運動　112
第１眼位　16,49,12n

第一次視覚野　55,64,67,104-106
大細胞層　104
第3眼位　16,12n
苔状線維　49
帯状疱疹　45
ダハメル, J-R.　61,68
ダブル・ステップ　74
知覚の恒常性　v
中継ニューロン　71-72
注視点　44,53,57-58,65,74,78-79,81-83,90-92,96,113,116,124
注視方向　55-56
中心窩　16,39,80,82
中心溝　51
中枢麻酔説　101
追跡眼球運動　44,12n
定位　17,33-41,41,45,63,67,131
ディストラクタ　96
デカルト, R.　10
電気刺激　43-44,49,105
ドイベル, H.　95
動眼系　38,43,74
動眼神経　36
動眼神経核　59,61
動眼中枢　23,44,46,70-71,74,130
頭頂間溝　51,54
頭頂間溝外側部　61-64,66,76,89
頭頂間溝腹側部　68,89
頭頂ー後頭溝の前壁部　67-68
頭頂葉　50-52,61,67,106
登上線維　49
ドッジ, R.　99
ドナルドソン, I.M.L.　50
トムリンソン, R.D.　49
外山敬介　60
トリアス, A.S.　65
トリガー信号　85,117
ドリフト　26-27,44
ドンデルス（リスティング）の法則　16-17

な　行

内直筋　29-30,36,40-41
二重像　7-8,14,24,26,37
認知閾　116
ネコ　37,41-43,48-50,54,60,105-106
ねじれ（捻転）運動　17
脳画像研究　106
ノボカイン溶液　24-25

は　行

バー, D.C.　104-105
バーゼンス眼球運動　43,12n
ハエ　18-19
発光ダイオード　120-123
パテ　13,15,20,24,30,32-33
パリセイド終末（柵状終末）　47
微小電極　49
ビショッフ, N.　78
フィレーネ, W.　11
輻輳　12n
フックス, A.F.　48
フラッシュ光　102,115
プラットフォーム　41-43
プランニング　66
ブリッジマン, B.　33-34,94,131
ブリンドレー, G.S.　29,31-32
プルキンエ, J.E.　11-12
プレヴュー効果　113-114
ブレマー, F.　56
プローブ刺激　36,83
プロカイン　26-28
分離脳　20
ベイカー, R.　49
ベーデル, H.E.　118
ペック, C.K.　54
ヘリング, E.　12,14
ベル, C.　10,11n
ベル-マジャンディの法則　10,11n
ヘルムホルツ, H. von　7,9,12,14,23-24,26,77,130

ボック, R.　38
ボツリヌス毒素　39-40
ポラツェック, A.　114
ホルスト, E. von　17-21, 131
ホルト, E.B.　98-99, 101
本田仁視　80, 83-86, 91, 93, 120-125

ま　行

マートン, P.A.　29, 31-32
マスキング　102-104, 107, 116, 119, 126, 133
マック, A.　100
マッケイ, D.M.　79-80, 102
マッコンキー, G.W.　94
マッハ, E.　12-15, 20, 23-24, 30, 32, 130
マティーフ, S.　78, 85-86
マティン, L.　81-83, 103, 118
マトリックス　99-101, 110, 113
麻痺　7-9, 12-15, 17, 19, 23-27, 32, 59, 61, 130, 11n
マン, V.A.　37
ミュンスターバーグ, H.　15
無意味図形　114
ムシモル　72-73, 75-76
命名課題　114
メルチャー, D.　111-112
網膜信号　5, 6, 8, 12, 18, 29, 33, 57, 60, 89
網膜像　5, 8-9, 17-21, 29, 33, 57-61, 67-68, 70, 74, 76-80, 86, 98-99, 102-104, 106-109, 123, 130
モロン, M.C.　112

や　行

ヤロー, K.　127-128
ヤング, J.　118
有線外皮質　76
誘発電位　49
歪み　89, 121-123
指差し反応　33, 35-39, 45, 54
予測的リマッピング　65

ら　行

ラスケル, G.L.　47
ラップ, M.　93
ランダムドット・パターン　56
リチャーズ, W.　101-102
リッグス, L.A.　103
リマッピング　62, 132
流出説　6-14, 17, 3, 30, 33, 36, 38-39, 42-43, 130
流入説　6, 9, 14-17, 23, 29-31, 36, 38-39, 42, 46, 130
両眼視　39
両眼視差　55
ルイス, R.F.　36, 44, 131
ルートヴィッヒ, E.　11n, 12n
レイトン, D.A.　104
ローズ, P.K.　49
ロス, J.　91-93, 126
ロスウェル, J.C.　128
ロビンソン, D.A.　47, 57
ロング, A.C.　50

わ　行

ワーツ, R.H.　57, -60, 70, 102-103, 115, 131

引 用 文 献

第１章　相殺説と眼球位置信号

Goldstein, E. B. 1999. *Sensation and Perception,* Belmont, CA. : Wadworth Publishing Company.

Grüsser, O-J. 1984. J. E. Purkyně's contributions to the physiology of the visual, the vestibular and the oculomotor system. *Human Neurobiology,* 3, 129-144.

Grüsser, O-J. 1986. Interaction of efferent and afferent signals in visual perception: A history of ideas and experimental paradigms. *Acta Psychologica*, 63, 3-21.

Helmholtz, H. von. 1866. *Handbuch der physiologischen Optik*. Dritter Abschnitt. Leipzig: Voss. (pp. 204-205).

James, W. 1890. *Principles of psychology,* vol. 2 London: Macmillan.

Kimble, G. A., Wertheimer, M., & White, C. L. (eds.) 1991. *Portraits of pioneers in psychology*. Hillsdale, N. J.: Lawrence Erlbaum Associates Publishers.

Mach, E. 1886. *Beiträge zur Analyse der Empfindungen* (Mach, E. (1918). *Die Analyse der Empfindungen und das Verhältnis des Physischen zum Psychischen*. Jena: Gustav Fischer.（『感覚の分析』須藤吾之助・廣松渉訳，法政大学出版局，1971）

Nakayama, K. 1978. A new method of determining the primary position of the eye using Listing's law. *American Journal of Optometry*, 55, 331-336.

Roback, A. A. 1952. History of American psychology. Library publishers;（堀川直義・南博訳『アメリカ心理学史』，法政大学出版局，1956）

Rosenwerg, M. R., Breedlove, S. M., & Leiman. A. L. 2002. *Biological psychology*, Sunderland, MS.: Sinauer Associates Inc. Publisher.

Sherrington, C. S. 1918. Observation on the sensual role of the proprioceptive nerve-supply of the extrinsic eye muscles. *Brain,* 41, 332-343.

Sperry, R. W. 1943. Effect of 180 degree rotation of the retinal field on visuomotor coordination. *Journal of Experimental Zoology,* 92, 263-279.

Sperry, R. W. 1950. Neural basis of the spontaneous optokinetic response produced by visual inversion. *Journal of Comparative and Physiological Psychology,* 43, 482-489.

von Holst, E. & Mittelstaedt, H. 1950. Das Reafferenzprinzip: Wechselwirkungen zwischen Zentralnervensystem und Peripherie. *Die Naturwissenschaften,* 20, 464-476. (von Holst, E. 1954. Relation between the central nervous system and the peripheral organs. *British Journal of Animal Behavior*, 2, 89-94.)

Wade, N. L. 1978. Sir Charles Bell on visual direction. *Perception,* 7, 359-362.

Wade, N. J. 1998. *A natural history of vision*, Cambridge, MA: The MIT Press.

第 2 章　眼球位置信号をめぐる古典的研究

Bridgeman, B. & Stark, L. 1991. Ocular proprioception and efference copy in registering visual direction. *Vision Research*, 31, 1903-1913.

Brindley, G. S. & Merton, P. A. 1960. The absence of position sense in the human eye. *Journal of Physiology*, 153, 127-130.

Bock, O. & Kommerell, G. 1986. Visual localization after strabismus surgery is compatible with the "outflow" theory. *Vision Research*, 26, 1825-1829.

Campos, E. C., Chisi, C., & Deng, R. B. 1986. Abnormal spatial localization in patients with Herpes Zoster ophthalmicus. *Archieves of Ophthalmogogy*, 104, 1176-1177.

Dengis, C. A., Steinbach, M. J., & Kraft, S. P. 1998. Registered eye position: short- and long-term effects of botulinum toxin injected into eye muscle. *Experimental Brain Research*, 119, 475-482.

Fiorentini, A., Berardi, N., & Maffei, L. 1982. Role of extraocular proprioception in the orienting behavior of cats. *Experimental Brain Research*, 48, 113-120.

Fiorentini, A. & Maffei, L. 1977. Instability of the eye in the dark and proprioception. *Nature*, 269, 330-331.

Fiorentini, A., Maffei, L., Cenni, M. C., & Tacchi, A. 1985. Deafferentation of oculomotor proprioception affects depth discrimination in adult cats. *Experimental Brain Research*, 59, 296-301.

Gauthier, G. M., Nowway, D., & Vercher, J-L. 1990. The role of ocular muscle proprioception in visual localization of targets. *Science*, 249, 58-61.

Gelfan, S. & Carter, S. 1967. Muscle sense in man. *Experimental Neurology*, 18, 469-473.

Guthrie, B. L., Porter, J. D., & Sparks, D. L. 1983. Corollary discharge provides accurate eye position information to the oculomotor system. *Science*, 221, 1193-1195.

Hein, A. & Diamond, R. M. 1971. Contrasting developmentof visually triggeredand guided movements with respect to interocular and interlimb equivalence. *Journal of Comparative and Physiological Psychology*, 76, 219-224.

Kornmüller, A. E. 1931. Eine experimentelle Anästhesie der äussseren Augenmuskeln am Mencshen und ihre Auswirkungen. *Journal für Psychologie und Neurologie*, 41, 354-366.

Lewis, R. F., Gaymard, B. M., & Tamargo, R. J. 1998. Efference copy provides the eye position information required for visually guided reaching. *Journal of Neurophysiology*, 80, 1605-1608.

Lewis, R. F. & Zee, D. S. 1993. Abnormal spatial localization with trigeminal-oculomotor synkinesis. *Brain*, 116, 1105-1118.

Lewis, R. F., Zee, D. S., Goldstein, H. P., & Guthrie, B. L. 1999. Proprioception and retinal afference modify postsaccadic ocular drift. *Journal of Neurophysiology*, 82,

551-563.
Lewis, R. F., Zee, D. S., Hayman, M. R., & Tamargo, R. J. 2001. Oculomotor function in the rhesus monkey after deafferentation of the extraocular muscles. *Experimental Brain Research*, 141, 349-358.
Ludvich, E. 1952. Possible role of proprioception in the extraocular muscles. *Archives of Ophthalmology*, 48, 436-441.
Mann, V. A., Hein, A., & Diamond, R. 1979. Localization of targets by strabismic subjects: Contrasting patterns in constant and alternating suppressions. *Perception and Psychophysics*, 25, 29-34.
Olson, C. R. 1980. Spatial localization in cats reared with strabismus. *Journal of Neurophysiology*, 43, 792-806.
Siebeck, R. 1954. Wahrnemungsstörung und Störungswahrnehmung bei Augenmuskellähmungen. *Graefes Archive für Ophthalmologie*, 155, 26-34.
Skavenski, A. A. 1972. Inflow as a source of extraretinal eye position information. *Vision Research*, 12, 221-229.
Stark, L. & Bridgeman, B. 1983. Role of corollary discharge in space constancy. *Perception and Psychophysics*, 34, 371-380.
Steinbach, M. J. & Smith, D. R. 1981. Spatial localization after strabismus surgery. *Science*, 213, 1407-1409.
Stevens, J. K., Emerson, R. C., Gerstein, G. L., Kallos, T., Neufeld, G. R., Nichols, C. W., & Rosenquist, A. C. 1976. Paralysis of the awake human: visual perception. *Vision Research*, 16, 93-98.

第 3 章　眼球位置信号の神経学的基盤

Andersen, R. A., Essick, G. K., & Siegel, R. M. 1985. Encoding of spatial localization by posterior parietal neurons. *Science*, 230, 456-458.
Andersen, R. A. & Mountcastle, V. B. 1983. The influence of the angle of gaze upon the exitability of the light-sensitive neurons of the posterior parietal cortex. *The Journal of Neuroscinece*, 3, 532-548.
Baker, R., Precht, W., & Llinas, R. 1972. Mossy and climbing fiber projections of extraocular muscle afferents to the cerebellum. *Brain Research*, 38, 440-445.
Boussaoud, D., Jouffrais, C., & Bremmer, F. 1998. Eye position effects on the neural activity of dorsal prermotor cortex in the Macaque monkey. *Journal of Neurophysiology*, 80, 1132-1150.
Bremmer, F., Ilg, U. L., Thiele, A., Distler, C., & Hoffmann, K. -P. 1997. Eye position effects in monkey cortex. I. Visual and pursuit-related activity in extrastriate area MT and MST. *Journal of Neurophysiology*, 77, 944-961.
Campos, M., Cherian, A., & Segraves, M. A. 2006. Effects of eye position upon activity

of neurons in Macaque superior colliculus. *Journal of Neurophysiology*, 95, 505-526.

DeSouza, J. F. X., Dukelow, S. P., Gati, J. S., Menon, R. S., Andersen, R. A., & Vilis, T. 2000. Eye position signal modulates a human parietal pointing region during memory-guided movements. *The Journal of Neuroscience*, 20, 5835-5840.

DeSouza, J. F. X., Dukelow, S. P., & Vilis, T. 2002. Eye position signals modulate early dorsal and ventral visual areas. *Cerebral Cortex*, 12, 991-997.

Duhamel, J-R., Colby, C. L., & Goldberg, M. E. 1992. The updating of the representation of visual space in parietal cortex by intended eye movements. *Science*, 255, 90-92.

Duhamel, J-R., Bremmer, F., BenHamed, S., & Graf, W. 1997. Spatial invariance of visual receptive fields in parietal cortex neurons. *Nature*, 389, 845-848.

Donaldson, I. M. L. & Long, A. C. 1980. Interactions betweem extraocular proprioceptive and visual signals in the superior colliculus of the cat. *Journal of Physiology*, 298, 85-110.

Fuchs, A. F. & Kornhuber, H. H. 1969. Extraocular muscle afferents to the cerebellum of the cat. *Journal of Physiology*, 200, 713-722.

Galletti, C. & Battaglini, P. P. 1989. Gaze-dependent visual neurons in Area V3A of monkey prestriate cortex. *The Journal of Neuroscience*, 9, 1112-1125.

Galletti, C., Battaglini, P. P., & Fattori, P. 1993. Parietal neurons encoding spatial locations in craniotopic coordinates. *Experimental Brain Research*, 96, 221-229.

Galletti, C., Battaglini, P., & Fattori, P. 1995. Eye position influence on the parietro-occipital area PO (V6) of the macaque monkey. *European Journal of Neuroscience*, 7, 2486-2501 (Abstract).

Keller, E. L. & Robinson, D. A. 1971. Absence of a stretch reflex in extraocular muscles of the monkey. *Journal of Neurophysiology*, 34, 908-919.

Krauzlis, R. J., Basso, M. A., & Wurtz, R. H. 2000. Discharge properties of neurons in the rostral superior colliculus of the monkey during smooth-pursuit eye movements. *Journal of Neurophysiology*, 84, 876-891.

Kusunoki, M. & Goldberg, M. E. 2002. The time course of perisaccadic receptive field shifts in the lateral intraparietal area of the monkey. *Journal of Neurophysiology*, 89, 1519-1527.

Moore, T. 1999. Shape representationa and visual guidance of saccadic eye movements. *Science*, 285, 1914-1917.

Moore, T., Tolias, A. S., & Schiller, P. H. 1998. Visual representations during saccadic eye movements. *Proceedings of the National Academy of Science USA*, 95, 8981-8984.

Nakamura, K., Chung, H. H., Graziano, M. S. A., & Gross, C. G. 1999. Dynamic representation of eye position in the parieto-occipital sulcus. *Journal of Neuro-*

physiology, 81, 2374-2385.
Nakamura, K. & Colby, C. L. 2002. Updating of the visual representation in monkey striate and extrastriate cortex during saccades. *Proceedings of the National Academy of Science USA*, 99, 4026-4031.
Peck, C. K. 1986. Eye position signals in cat superior colliculus. *Experimental Brain Research*, 61, 447-450.
Peck, C. K., Baro, J. A., & Warder, S. M. 1995. Effects of eye position on saccadic eye movements and on the neuronal responses to auditory and visual stimuli in cat superior colliculus. *Experimental Brain Research,* 103, 227-242.
Richmond, B. J. & Wurtz, R. H. 1980. Vision during saccadic eye movements. II. A corollary discharge to monkey superior colliculus. *Journal of Neurophysiology,* 43, 1156-1167.
Robinson, D. A. & Wurtz, R. H. 1976. Use of an extraretinal signal by monkey superior colliculus neurons to distinguish real from self-induced stimulus movement. *Journal of Neurophysiology,* 39, 852-870.
Rose, P. K. & Abrahams, V. C. 1975. The effect of passive eye movement on unit discharge in the superior colliculus of the cat. *Brain Research,* 97, 95-106.
Rosenbluth, D. & Allman, J. M. 2002. The effect of gaze angle and fixation distance on the responses of neurons in V1, V2, and V4. *Neuron,* 33, 143-149.
Ruskel, G. L. 1999. Extraocular muscle proptioceptors and proprioception. *Progress in Retinal and Eye Research,* 18, 269-291.
Schwartz, D. W. F. & Tomlimson, R. D. 1977. Neural responses to eye muscle stretch in cerebeller lobule VI of the cat. *Experimental Brain Research,* 27, 101-111.
Sommer, M. A. & Wurtz, R. H. 2002. A pathway in primate brain for internal monitoring of movements. *Science*, 296, 1480-1482.
Sommer, M. A. & Wurtz, R. H. 2004. What the brain stem tells the frontal cortex: II. Role of the SC-MD-FEF pathway in corollary discharge. *Journal of Neurophysiology*, 91, 1403-1423.
Tolias, A. S., Moore, T., Smirnakis, S. M., Tehovnik, E. J., Siapas, A. G., & Schiller, P. H. 2001. Eye movemets mopdulate visual receptive fields of V4 neurons. *Neuron*, 29, 757-767.
Toyama, K., Komatsu, Y., & Shibuki, K. 1984. Integration of retinal and motor signals of eye movements in striate cortex cells of the alert cat. *Journal of Neurophysiology,* 51, 649-665.
Trotter, Y. & Cerebrini, S. 1999. Gaze direction controls response gain in primary visual-cortex neurons. *Nature*, 398, 239-242.
Umeno, M. M. & Goldberg, M. E. 1997. Spatial processing in the monkey frontal eye field. I. Predictive visual responses. *Journal of Neurophysiology*, 78, 1373-1383.

Van Opstal, A. J., Hepp, K., Suzuki, Y., & Henn, V. 1995. Influence of eye position on activity in monkey superior colliculus. *Journal of Neurophysiology*, 74, 1593-1610.

Walker, M. F., Fitzgibbon, E. J., & Goldberg, M. E. 1995. Neurons in the monkey superior colliculus predict the visual result of impending saccadic eye movements. *Journal of Neurophysiology,* 73, 1988-2003.

第 4 章　眼球位置信号と視覚

Bischof, N. & Kramer, E. 1968. Untersuchungen und Überlegungen zur Richtungswahrnehmung bei willkürlichen sakkadischen Augenbewegungen. *Psychologische Forschung*, 32, 185-218.

Bridgeman, B., Hendrey, D. P., & Stark, L. 1975. Failure to detect displacement of the visual world during saccadic eye movements, *Vision Research*, 15, 719-722.

Currie, C. B., McConkie, G. W., & Irwin, D. E. 2000. The role of the saccade target object in the perception of a visually stable world. *Perception and Psychophysics*, 62, 673-683.

Dassoinville, P., Schlag, J. & Schlag-Rey, M. 1992. Oculomotor localization relies on a damped representation of saccadic eye displacement in human and nonhuman primates. *Visual Neuroscience*, 9, 261-269.

Deubel, H., Schneider, W. X., & Bridgeman, B. 1996. Postsaccadic target blanking prevents saccadic suppression of image displacement. *Vision Research*, 36, 985-996.

Deubel, H., Schneider, W. X., & Bridgeman, B. 1998. Immediate post-saccadic information mediates space constancy. *Vision Research*, 38, 3147-3159.

Honda, H. 1989. Perceptual localization of visual stimuli flashed during saccades. *Perception and Psychophysics*, 45, 162-174.

Honda, H. 1990. Eye movements to a visual stimulus flashed before, during, or after a saccade. In M. Jeannerod (Ed.) *Attention and performance, XIII: Motor representation and control*. New Jersey: LEA. (pp. 567-582).

Honda, H. 1991. The time courses of visual mislocalization and of extraretinal eye position signals at the time of vertical saccades. *Vision Research*, 31, 1915-1921.

Honda, H. 1993. Saccade-contingent displacement of the apparent position of visual stimuli flashed on a dimly illuminated structured background. *Vision Research*, 33, 709-716.

Honda, H. 1995a Visual mislocalization in moving-background and saccadic eye movement conditions. In J. M. Findlay, R. W. Kentridge, & R. W. Walker (eds.) *Eye movement research: Mechanism, processes and applications*. Amsterdam: Elsevier. (pp. 201-212).

Honda, H. 1995b Visual mislocalization produced by a rapid image displacement on

the retina: Examination by means of dichoptic presentation of a target and its background scene. *Vision Research*, 35, 3021-3028.

Honda, H. 1999. Modification of saccade-contingent visual mislocalization by the presence of a visual frame of reference. *Vision Research*, 39, 51-57.

Kennard, D. W., Hartmann, R. W., Kraft, D. P., & Glaser, G. H. 1971. Brief conceptual (noereal) events during eye movements. *Biological Psychiatry*, 3, 205-215.

Krekelberg, B., Kubischik, M., Hoffmann, K-P., & Bremmer, F. 2003. Neural correlates of visual localization and perisaccadic mislocalization. *Neuron*, 37, 537-545.

Lappe, M., Awater, H., & Krekelberg, B. 2000. Postsaccadic visual references generate presaccadic compression of space. *Nature*, 403, 892-894.

MacKay, D. M. 1970. Mislocalization of test flashes during saccadic image displacements. *Nature*, 227, 731-733.

McConkie, G. W. & Currie, C. B. 1996. Visual stability across saccades while viewing complex pictures. *Journal of Experimental Psychology: Human Perception and Performance*, 22, 563-581.

Mateeff, S. 1978. Saccadic eye movements and localization of visual stimuli. *Perception and Psychophysics*, 24, 215-224.

Matin, L. & Pearce, D. G. 1965. Visual perception of direction for stimuli flashed during voluntary saccadic eye movements. *Science*, 148, 1485-1488.

Matin, L., Matin, E., & Pearce, D. G. 1969. Visual perception of direction when voluntary saccades occur: I. Relation of visual direction of a fixation target extinguished before a saccade to a flash presented during the saccade. *Perception and Psychophysics*, 5, 65-80.

Matin, L., Matin, E., & Pola, J. 1970. Visual perception of direction when voluntary saccades occur: II. Relation of visual direction of a fixation target presented before a saccade to a subsequent test flash presented before the saccade. *Perception and Psychophysics*, 8, 9-14.

Matin, L. 1976. Saccade and the extraretinal signal for visual direction. In R. Monty & J. Senders (Eds.) *Eye movements and psychological processes*. New Jersey: LEA. (pp. 205-219).

Matsumiya, K. & Uchikawa, K. 2001. Apparent size of an object remains uncompressed during presaccadic compression of visual space. *Vision Research*, 41, 3039-3050.

O'Regan, J. K. 1984. Retinal versus extraretinal influences in flash localization during saccadic eye movements in the presence of a visible background. *Perception and Psychophysics*, 36, 1-14.

Ross, J., Morrone, M. C., & Burr, D. C. 1997. Compression of visual space before saccades. *Nature*, 386, 598-601.

第5章　視覚世界の安定性を維持する心理学的しくみ

Bedell, H. E. & Yang, J. 2001. The attenuation of perceived image smear during saccades. *Vision Research*, 41, 521-528.

Bodis-Wollner, I., Bucher, S. F., Seelos, K. C., Paulus, W., Reiser, M., & Oertel, W. H. 1997. Functional MRI mapping of occipital and frontal cortical activity during voluntary and imagined saccades. *Neurology*, 49, 416-420.

Bodis-Wollner, I., Bucher, S. F., & Seelos, K. C. 1999. Cortical activation patterns during voluntary blinks and voluntary saccades. *Neurology*, 53, 1800-1805.

Burr, D. C., Morrone, M. C., & Ross, J. 1994. Selective suppression of the magnocellular visual pathway during saccadic eye movements. *Nature*, 371, 511-513.

Campbell F. W. & Wurtz, R. H. 1978. Saccadic omission: why we do not see a grayout during a saccadic eye movement. *Vision Research*, 18, 1297-1303.

Corfiled, R., Frosdick, J. P., & Campbell, F. K. 1978. Grey-out elimination: the role of spatial waveform, frequency and phase. *Vision Research*, 18, 1305-1311.

Derrington, A. & Felisbeti, F. 1999. Peripheral shift reduces visual sensitivity in cat geniculate neurons. *Visual Neuroscience*, 15, 875-880.

Dodge, R. 1900. Visual perception during eye movements. *Psychological Review*, 7, 454-465.

Dodge, R. 1905. The illusion of clear vision during eye movemet. *Psychological Bulletin*, 2, 193-199.

Fischer, W. H., Schmidt, M., Stuphom, V., & Hofmann, K.-P. 1996. Response properties of relay cells in the laminae of the cat's dorsal lateral geniculate nucleus after saccades. *Experimental Brain Research*, 110, 435-445.

Holt, E. B. 1903. Eye movements and central anaesthesia. *Psychological Review*, 4, 3-45.

Honda, H. 2006. Achievement of transsaccadic visual stability using presaccadic and postsaccadic visual information. *Vision Research*, 46, 3483-3493.

Ibbotson, M. R., Crowder, N. A., & Price, N. S. C. 2006. Neural basis of time changes during saccades. *Current Biology*, 16, R834-R836.

Irwin, D. E. 1992. Memory for position and identity across eye movements. *Journal of Experimental Psychology: Learning, Memory, and Cognition,* 18, 307-307.

Jonides, J., Irwin, D. E., & Yantis, S. 1982. Integrating visual information from successive fixations. *Science*, 215, 192-194.

Kennard, D. W., Hartmann, R. W., Kraft, D. P., & Boshes, B. 1970. Perceptual suppression of afterimages. *Vision Research*, 10, 575-585.

Kulikowski, J. J. & Leighton, D. A. 1977. Lack of centrifugal component in saccadic suppression. *Journal of Physiology*, 265, 28P-29P.

Mack, A. 1970. An investigation of the relationship between eye and retinal image

movement in the perception of movement. *Perception and Psychophysics*, 8, 291-298.

MacKay, D. M. 1970. Elevation of visual threshold by displacement of retinal image. *Nature*, 225, 90-92.

Matin, L., Clymer, A. B., & Matin, E. 1972. Metacontrast and saccadic suppression. *Science*, 178, 179-182.

Melcher, D. 2005. Spatiotopic transfer of visual-form adaptation across saccadic eye movements. *Current Biology*, 15, 1745-1748.

Melcher, D. & Morrone, M. C. 2003. Spatiotopic temporal integrationof visual motion across saccadic eye movements. *Nature Neuroscience*, 6, 877-881.

Morrone, M. C., Ross, J., & Burr, D. 2005. Saccadic eye movements cause compression of time as well as space. *Nature Neuroscience*, 7, 950-954.

Noda, H. & Adey, W. R. 1974. Excitabikity changes in cat lateral geniculate cells during saccadic eye movements. *Science*, 183, 543-545.

Ohzawa, I., Schiar, G., & Freeman, R. D. 1982. Contrast gain control in the cat's visual cortex. *Nature*, 298, 5871-5873.

O'Regan, J. K. & Lévy-Schoen, A. 1983. Integrating visual information from successive fixations: Does trans-saccadic fusion exist? *Vision Research*, 23, 765-768.

Pollatsek, A., Rayner, K., & Collins, W. E. 1984. Integrating pictorial information across eye movements. *Journal of Experimental Psychology: General*, 113, 426-442.

Pollatsek, A., Rayner, K., & Henderson, J. M. 1990. Role of spatial location in integration of pictorial information across saccades. *Journal of Experimental Psychology: Human Perception and Performance*, 16, 199-210.

Rayner, K., McConkie, G. W., & Zola, D. 1980. Integrating information across eye movements. *Cognitive Psychology*, 12, 206-226.

Richards, W. 1968. Visual suppression during passive eye movement. *Journal of the Optical Society of America*, 58, 1159-1160.

Riggs, L. A., Merton, P. A., & Morton, H. B. 1974. Suppression of visual phosphenes during saccadic eye movements. *Vision Research*, 14, 997-1011.

Robinson, D. L. McClurkin, J. W., Kertzman, C., & Petersen, S. E. 1991. Visual responses of pulvinar and collicular neurons during eye movements of awake, trained monkeys. *Journal of Neurophysiology*, 66, 485-496.

Sclar, G., Maunsell, J. H. R., & Lennie, P. 1990. Coding of image contrast in central visual pathways of the macaque monkey. *Vision Research*, 30, 1-10.

Shioiri, S. & Cavanagh, P. 1989. Saccadic suppression of low-level motion. *Vision Research*, 29, 915-928.

Stevens, S. B., Volkmann, F. C., Kelly, J. P., & Riggs, L. A. 1986. Dependence of visual suppression on the amplitudes of saccades and blinks. *Vision Research*, 26, 1815-

1824.

Sudkamp, S. & Schmidt, M. 2000. Response characteristics in the pulvinar of awake cats to saccades and to visual stimulation *Experimental Brain Research*, 133, 209-218.

Thiele, A., Henning, P., Kubischik, M., & Hoffmann, K. P. 2002. Neural mechanisms of saccadic suppression. *Science*, 295, 2460-2462.

Uchikawa, K. & Sato, M. 1995 Saccadic suppression to achromatic and chromatic responses measured by increment-threshold spectral sensitivity. *Journal of the Optical Society of America,* A, 12, 661-666.

Van Essen, D. C., Andersen, C. H., & Felleman, D. J. 1992. Information processing in the primate visual system. *Science,* 255, 419-423.

Volkmann, F. C. 1962. Vision during voluntary saccadic eye movements. *Journal of the Optical Society of America*, 52, 571-578.

Volkmann, F. C., Schick, A. M. L., & Riggs, L. A. 1968. Time course of visual inhibition during voluntary saccades. *Journal of the Optical Society of America*, 58, 562-569.

Woodworth, R. S. 1960. Vision and localization during eye movements. *Psychological Bulletin*, 3, 68-70.

Yarrow, K., Haggard, P., Heal, R., Brown, P., & Rothwell, J. C. 2001. Illusory perceptions of space and time preserve cross-saccadic perceptual continuity. *Nature*, 414, 302-305.

Yarrow, K. & Rothwell, J. C. 2003. Manual chronostasis: Tactile perception precedes physical contact. *Current Biology,* 13, 1134-1139.

注

第１章　相殺説と眼球位置信号

1）　Grüsser (1986) によれば相殺説という用語は Teuber (1960) による。Grüsser, 1986. O-J. Interaction of efferent and afferent signals in visual perception: A history of ideas and experimental paradigms. *Acta Psychologica*, 63, 3-21; Teuber, H. L. 1960. Perception. In J. Field & H. W. Magoun (eds.) *Handbook of physiology. Sect. 1: Neurophysiology,* Vol. III. Washington, DC: American Physiological Society. (pp. 1509-1668).

2）　Grüsser (1986) より引用。Grüsser, O-J. 1986. Interaction of efferent and afferent signals in visual perception: A history of ideas and experimental paradigms. *Acta Psychologica*, 63, 3-21.

3）　Stark & Bridgman (1983) より引用。Stark, L. & Bridgeman, B. 1983. Role of corollary discharge in space constancy. *Perception and Psychophysics*, 34, 371-380.

4）　ベル-マジャンディの法則：英国のベルは脊髄の前根が運動性であることを指摘し，フランスのマジャンディ（Magendie, F.）は後根は感覚性であると主張した。

5）　Filehne, W. 1922. *Über das optische Wahrnemung von Bewegungen. Zeitschrift für Sinnesphysiologie*, 53, 134-144; Mack, & Herman (1973) より引用。Mack, A. & Herman, E. 1973. Position constancy during eye movements: An investigation of the Filehne illusion. *Quarterly Journal of Experimental Psychology,* 25, 71-84.

第２章　眼球位置信号をめぐる古典的研究

1）　固有受容感覚（proprioception）は，シェリントンによって提案された用語とされる。彼は身体の姿勢を維持し，運動を協調させるための反射システム，あるいはみずから身体の位置を知るための感覚としてこの用語を用いた。これらの感覚受容器として，筋内に存在するゴルジ腱器官（Golgi tendon organ）や筋紡錘（muscle spindle）などが発見されたが，眼筋については，その存在を疑問視する研究者が多く，またたとえ存在しても，それらが求心性の眼球位置信号を伝える機能をもつかどうかについては明確でない。

ルートヴィッヒは単純な方法による実験でこのことを示した（Ludvich, 1952)。実験では被験者にハーフ・ミラーを通して静止光点を観察させた。ハーフ・ミラーには室内の様子が映って見えたが，それをゆっくりと30°－40°の大きさで回転させた。被験者には静止光点を注視するように教示しておくと，静止した室内で光点が動き，それを追視しているように被験者には感じられた。実験を長く続けると，被験者は追視を続けたために眼に疲れを覚えたと感じた。この実験は，ヒトは自分の眼の動きを正しく評価する

ことができないことを示している。

ルートヴィッヒはさらに，（1）眼筋が麻痺した患者は自分の眼の位置（眼が向いている方向）を意識的に知ることができないこと，（2）眼振がある患者は眼が動いていることに気づかないこと，（3）健常者が前庭系の刺激によって眼振を起こしても，眼は静止していて,周囲が動いているように感じられること，（4）麻酔した結膜を鉗子で引っ張って眼球を動かされても，その動きに気づかないことをあげて，これらは眼筋には位置感覚がないことの証拠であるとしている。

2） 前庭性眼振とは，頭部や身体を動かされた時に生じる眼球のリズミカルな動き。

3） バーゼンス（vergence）眼球運動とは，いわゆる寄り目（輻輳：convergence）にしたり，開き目（開散：divergence）にすること。

4） 本書でたびたび登場するサッカード（saccade）とは，読書や運転などの日常の視覚行動において，視線を変えるたびに頻繁に生じる急速な眼球運動であり，飛躍眼球運動，飛越眼球運動などとも呼ばれる。これに対して，たとえば動いているものを目で追う時に生じる眼球運動は追跡眼球運動（pursuit eye movement）と呼ばれる。これらの眼球運動は先のバーゼンスと同様に，意図的に生起させることができる随意性の眼球運動であるが，ヒトにおいて生じる眼球運動にはこれ以外に，さまざまな非随意性の反射的な眼球運動（前庭動眼反射，前庭性眼振，視運動性眼振など）がある。

第 3 章　眼球位置信号の神経学的基礎

1） 眼がまっすぐ正面を向いた状態が第 1 眼位，第 1 眼位から上下，あるいは左右を見た時は第 2 眼位，斜め上あるいは斜め下を見た時は第 3 眼位と呼ぶ。